Administración *según* el Reino

Mejores prácticas en el manejo de nuestros dones, recursos y tiempo.

Contenido

Contenido

Introducción

Introducción

*La administración la podemos entender
como el don de gobernar, conducir, o capitanear;
pueden ser recursos, instituciones y,
en el sentido que queremos aproximar el tema
en este libro: "Nuestra Vida"*

El Capitán del Barco

En la Biblia, la palabra *administración* es usada frecuentemente para denotar a alguien que sirve o ayuda a conducir. Una buena ilustración de un administrador, es el que capitanea o pilotea un barco, teniendo que gobernar el mismo para llevarlo con destreza en el rumbo que se requiere. Esta destreza viene por conocer dicho barco y los elementos internos y externos que pueden ayudarlo en su tarea (timón, quilla, viento, corrientes etc.) así como los elementos que podrán estorbar su labor (tormentas, arrecifes o falta de viento) durante el viaje.

El Mayordomo de la casa: Otra ilustración que encontramos para definir la administración es la del Mayordomo, alguien que está al frente de los bienes de su señor, procurando su buen uso y un rendimiento adecuado.

En el Antiguo Testamento, encontramos la figura del Mayordomo desde las épocas de Abraham. El mayordomo es alguien de total confianza en la casa, con el don de administrar, dirigir y ordenar. Uno de los mejores ejemplos es la historia de José, el hijo de Jacob, quien tuvo como primer trabajo fuera de su casa el ser mayordomo de Potifar, el egipcio.

Lee Génesis capítulo 39:1-6 y responde:
¿Por qué le salían las cosas bien a José? _______________________________
¿Qué fue lo que Potifar vio en José que le hizo notar que el Señor estaba con él? ____
¿Podrán conocer otros que Dios está contigo por la manera en que tú estas administrando?____

La palabra mayordomo proviene del **griego** *oikonomía*:
Oiko = familia.
Nomos = ley.
Y del **latín** *mayordomus*:
Mayor

Por lo que *mayordomía* se refiere a alguien que hace la administración de una familia o de los asuntos de ésta o que se encarga de la Administración, cuidado o dirección de una casa.

En el Nuevo Testamento encontramos frecuentemente mencionado el concepto de administrar como un don a ejercer dentro de la Iglesia (1 Corintios 12:28) y como algo que se espera de cada creyente para ser fieles con lo recibido:

Que todos nos consideren servidores de Cristo, encargados de administrar los misterios de Dios. 1 Corintios 4:1 (NIV)

Cada uno ponga al servicio de los demás el don que haya recibido, administrando fielmente la gracia de Dios en sus diversas formas. 1 Pedro 4:10 (NIV)

Tú y yo somos administradores, capitanes, mayordomos de nuestra vida y de todo lo que ha sido puesto a nuestro cuidado. Todo lo que tenemos tiene un origen, una fuente y está en nuestras manos para un propósito.

El mayordomo no es dueño.

¿Qué perspectiva tienes en cuanto a las cosas que están en tus manos: tiempo, recursos, relaciones, etc.?

(   ) a. Se te han dado y son tuyas.
(   ) b. Se te han prestado y tienes que dar cuentas.
(   ) c. Te las has ganado y puedes usarlas como quieras.

PRIMERA PARTE

Principios de Administración del Reino

Dios es el dueño de todo

Del Señor es la tierra y todo cuanto hay en ella, el mundo y cuantos lo habitan. Salmos 24.1 (NVI)

Comencemos teniendo una correcta perspectiva de las cosas que están en nuestras manos incluyendo nuestra propia vida, *"Dios es el que nos creó y él es el dueño de todo"*, este es el enfoque apropiado. Este libro no se titula: "Cómo ser dueños responsables", sino "Administradores según el diseño del Reino de Dios", cómo administrar lo que es de nuestro Señor y nos ha dado para administrar. Mira lo que se narra en el libro de Génesis al comienzo de todo:

Y creó Dios al hombre a su imagen, a imagen de Dios lo creó; varón y hembra los creó. Y los bendijo Dios, y les dijo: Fructificad y multiplicaos; llenad la tierra, y sojuzgadla, y señoread en los peces del mar, en las aves de los cielos, y en todas las bestias que se mueven sobre la tierra. Génesis 1:27-28 (RV60)

Este es un claro pasaje que nos permite ver cómo Dios, el dueño de todo, delegó al hombre, creado por Él, el administrar los recursos de esta tierra. Para tal labor le dio una autoridad delegada, pero es importante ver que en esta labor de mayordomía, el hombre tiene que dar cuentas al dueño de todo.

Según el Salmo 24:1
- ¿Quién es el dueño de todo? _______________________________

Al leer Génesis 2:15
- ¿Qué dos funciones mandó Dios al hombre a hacer en el Jardín del Edén?

1) ____

2) ____

En cualquier lugar en que se nombre a un administrador, a un mayordomo sobre algo, se le pedirá cuentas: ¿Cómo se manejó en la administración de aquello que NO es suyo? ¿Fue ordenado y diligente? ¿Lo cuidó e hizo crecer? ¿Dio cuentas claras?

> *Nosotros somos encargados de administrar lo que Dios nos ha dado. Ahora bien, a los que reciben un encargo, se les exige que demuestren ser dignos de confianza. 1 Corintios 4.1-2 (NVI, parafraseado)*

¿Qué se nos ha dado?

NUESTRA VIDA: Que debe de ser usada dentro de la voluntad y propósito de Dios, con los talentos, dones y experiencias que Dios nos ha dado para que los usemos para su honra.

LAS VIDAS DE LAS PERSONAS QUE HA PUESTO A NUESTRO CUIDADO: Como nuestra familia, los hijos para aquellos que los tienen, personas a nuestro cargo, etc. Es común decir: "los hijos son *prestados*", y en realidad así es, Dios nos los ha encomendado para poder enseñarles a su vez a ser buenos administradores de sus propios dones y propósito.

LOS RECURSOS QUE DIOS ME HA DADO: Que deben de ser usados para cumplir con excelencia la tarea de mayordomo que tenemos y para cooperar con la extensión del Reino de Dios. Estos recursos son limitados y deben de ser sabiamente usados: ¿En qué invertimos el tiempo que tenemos?, ¿Cómo usamos los recursos financieros que administramos?

Este es el primer principio que debemos de conocer y entender como administradores: Todo lo que tenemos NO es nuestro y tenemos que dar cuentas. Quizá a alguno le suene como una exageración, y diga: "Todo es mío, yo me lo he ganado con mi sudor, yo me he sacrificado para tener lo que tengo, y por lo tanto yo puedo hacer lo que quiera con él".

Y tú, ¿Qué Piensas ? ____
____
¿Quién nos da la vida, las fuerzas y la salud para realizar nuestro trabajo?
____

Día a día encontramos historias tristes de mala administración de vidas, talentos y dones, que se usan para cosas vanas, sin sentido y sin propósito. Al mismo tiempo encontramos tanta necesidad en el mundo que se podría suplir con aquel recurso que ahora está siendo mal utilizado, con ese tiempo, con ese amor y pasión mal dirigidos.

Hagan lo que hagan, trabajen de buena gana, como para el Señor
y no como para nadie en este mundo; conscientes de que el Señor
los recompensará con la herencia. Ustedes sirven a Cristo el Señor.
Colosenses 3:23-24 (NVI)

Resumen

Con esta perspectiva encontraremos que el Administrador no decide por su cuenta, sino que debe de conocer el plan de Dios para cada área de su vida y de sus recursos, aprendiendo a oír y obedecer la voluntad del Señor.

Durante este curso podrás:

- Explorar **cuáles son esos recursos** que nos han sido dados que debemos de administrar correctamente.

- Descubrir más sobre **dones y talentos** que Dios nos ha dado para desempeñar nuestra labor como **proveedores y colaboradores.**

- Estudiar acerca de la **mayordomía del servicio**, y podrás descubrir qué dones específicos se nos han dado para servir con mayor excelencia.

- Recapacitar acerca de la **administración del tiempo**, como un regalo de Dios digno de ser invertido cuidadosamente.

- Y por supuesto, aprender acerca de la administración del dinero, tema de gran interés y que puede ser de gran impacto en nuestras vidas.

- ¿Qué área en tu vida sientes que requiere ayuda en cuanto a una mejor Administración? ¿Porqué?

____

____

____

____

____

____

____

____

____

____

____

____

____

Mis ovejas oyen mi voz; yo las conozco y ellas me siguen.
Juan 10:27 (NIV)

Introducción. En el primer capítulo concluimos diciendo que la Administración es llevar a cabo los deseos de Dios en el manejo de la propiedad, que es suya y ha sido puesta en nuestras manos. Nuestra meta entonces es ser hallados fieles en este desempeño, pero la pregunta para lograr esta meta es:

¿Qué es lo que Dios *"el dueño de todo"* quiere que hagamos?

A esto le llamamos **escuchar** y **obedecer** su voluntad, sus deseos, su plan para cada área de nuestra vida.

Conociendo la voluntad de Dios:

Continuamente Dios habla a nuestras vidas para instruirnos, corregirnos, dirigirnos o protegernos. En ocasiones nos habla cuando su Santo Espíritu hace saltar algún versículo de la Biblia mientras la leemos, o al escuchar alguna enseñanza el Domingo, o a través de una palabra profética que nos lleva a un mayor entendimiento de su voluntad revelada en su palabra eterna.

Lee: Hebreos 4:12

Dios siempre nos hablará en base a la Biblia, por lo que necesitamos conocer y estudiar más de ella. Es nuestra fuente suficiente de verdad y sabiduría, en ella hay vida y hay protección en contra de la confusión o el error.

Aunque hay diversas maneras de escuchar la voz del Señor, todas deberán de estar de acuerdo con la Palabra Escrita, ésta es la revelación completa de Dios para nosotros.

- No hay ni habrá ningún otro libro (o idea añadida a la Biblia) puesto con igual autoridad o revelación.

- Toda predicación, enseñanza, profecía o alguna otra comunicación declarada en el nombre del Señor, deberá de ser sujetada y evaluada con la Palabra de Dios.

Una vez establecida la absoluta autoridad y revelación final de la Biblia, podemos afirmar que Dios habla a su pueblo de otras maneras, de forma directa e indirecta (más sobre esto en la sección "Para Reflexionar").

¿Puedes identificar algunas maneras en que te ha hablado Dios últimamente?
___ Predicaciones   ___ Sueños   ___ Un sentir en el corazón
___ A través de la Biblia   ___ Una canción ___ Otros: ___________________
Recuerda que si son de Dios, deben de estar de acuerdo con las Escrituras.

Respondiendo a la voluntad de Dios

Para aquel que está atento, no es difícil escuchar la voz de Dios y conocer su voluntad ¿verdad? ¿Por qué entonces alguna gente no cambia al encontrarse con su Palabra? La Biblia es el libro más traducido, más impreso y leído, pero no todos los que han tenido acceso a él, han sido transformados. ¿Faltará algo? Veamos algunos pasajes que nos dejarán esto más claro:

Lee Santiago 1:21-25 y responde:
¿Para verdaderamente recibir la Palabra de Dios en nuestras vidas debemos de ser? ___________________________ y ___________________________
¿Qué es lo que nos recomienda este pasaje para no olvidar la Palabra leída?
____

¿Cuál es el beneficio que obtendremos al recibir la Palabra de Dios?
____

El oír tiene que ver con:

1. La disposición de una persona a cambiar debido a lo que está escuchando.
2. El tener una fe viva (que viene por oír la palabra de Dios), que nos lleve con poder a una vida victoriosa.

Así que nuestra disposición de ser transformados y de aplicar los principios encontrados en la Palabra, determinará nuestra habilidad de ver situaciones transformadas.
Es vital entender esto para nuestro caminar como Administradores según el Reino.

Dios nos ha llamado a transformar nuestro entorno al aplicar su sabiduría, a liberar todas las posibilidades en nuestra vida al ser guiados y ungidos por su Santo Espíritu para ser: "Bienaventurados en todo lo que Hacemos".

Si oímos y seguimos Su voz, Él nos guiará para administrar lo que nos ha dado.

Oír su consejo y caminar en su voluntad

Lee en el Evangelio de Marcos los versículos del 1 al 25 del capítulo 4.

En la parte donde los discípulos piden a Jesús les explique esta parábola del Sembrador, podemos encontrar algunas frases y lecciones de mucha utilidad para el tema de **escuchar** y **obedecer** la voluntad de Dios. Jesús se refiere a la forma de escuchar, recibir y poner por obra la Palabra de Dios.

> *A ustedes se les han revelado los misterios del reino de Dios*
> *—les contestó— v.11*

Los que caminamos como discípulos de Jesús y administramos nuestra vida según su consejo, tenemos la esperanza de que los misterios del reino de Dios serán revelados a nosotros, siempre y cuando tengamos una actitud de sujeción. Una buena actitud del administrador es el preguntar al que tiene todas las respuestas, quien nos explica:

> Algunos son como lo sembrado en buen terreno: oyen la palabra, la aceptan y producen una cosecha que rinde el treinta, el sesenta y hasta el ciento por uno. v.20

El escuchar la voz de Dios,
lleva una responsabilidad, que es:
El responder a lo que hemos escuchado.

Jesús lo describe como **oír** y **recibir**, es tan fácil escuchar pero el reto es oír *atentamente* buscando la aplicación práctica en nuestra vida, que será seguida de un compromiso a caminar acorde con el consejo revelado. Estos que reciben el consejo de Dios darán fruto a treinta, sesenta y a ciento por uno.

Esto es algo que como administradores debemos de apreciar:
"Hay un fruto que se producirá en nuestras vidas al caminar de acuerdo al consejo de Dios, y la multiplicación es exponencial y progresiva."

La voluntad de Dios está siendo revelada a nosotros, Jesús nos dice:

¿Acaso se trae una lámpara para ponerla debajo de un cajón o debajo de la cama? ¿No es, por el contrario, para ponerla en una repisa? No hay nada escondido que no esté destinado a descubrirse; tampoco hay nada oculto que no esté destinado a ser revelado.
v.21-22

Acabando de explicar la parábola a sus discípulos, les asegura que la intención de Dios no es que nos perdamos de su sabiduría y consejo, sino que caminemos a un entendimiento total, a tener revelado en nuestro corazón -con la claridad del día- los Secretos del Reino.

Jesús quiere que sepamos,
que conozcamos, que entendamos
y por supuesto que apliquemos
los consejos del Reino.

Como administradores estamos diseñados para esto:

Si alguno tiene oídos para oír, oiga v.23

El que quiera conocer la palabra de Dios, la voluntad de Dios, deberá primero ser un oidor genuino. La palabra "oír" en el original griego *"akouo"* se refiere no sólo al oír simple de percibir sonidos, mas bien a un atento recibir y responder a lo que él o ella ha escuchado.

Y es por eso que a continuación Jesús nos dice:

Mirad lo que oís; porque con la medida con que medís, os será medido, y aun se os añadirá a vosotros los que oís. v.24

Según el grado en que *oigamos* (recibir y responder) experimentaremos lo que Dios tiene para nosotros, el asunto de todo es que debemos de responder a la verdad, el sólo aprenderla no sirve de mucho. Por lo que Jesús concluye:

Porque al que tiene, se le dará más; y al que no tiene, aun lo que tiene se le quitará. v.25

Porque el que tiene (esto es, oídos para oír, y una voluntad para recibir y responder a la verdad, que el Espíritu Santo quiere revelar a su vida) *recibirá más;* y añade una consecuencia tremenda para aquellos que no responden a la verdad de la Palabra de Dios: *al que no tiene* (aquel que escucha los sonidos pero no responde a la verdad de la Palabra) *perderá eventualmente lo que originalmente tenía.*

¡Qué tremendo pasaje para los administradores, la posibilidad de tener más (al treinta, sesenta y ciento por uno), o perderlo todo, hasta lo poco que teníamos!

¿Puedes pensar el caso de alguien a quien le sucedió esto?

Estas son las implicaciones de estar cerca del consejo de Dios. Al principio del capítulo 4 de Marcos, en el versículo 3, Jesús comienza la enseñanza diciendo, *"Oíd"*, y no sólo está tratando de llamar la atención de la multitud, está dando un mandamiento para disciplinar nuestra vida, para estar constantemente receptivos y responder cuando la voz de Dios es hablada.

Cada vez que escuchamos la voz de Dios, somos responsables del privilegio de oír, no dejemos que la semilla de verdad caiga en un corazón árido, o en actitudes pedregosas o se pierda por los afanes de la mente tan preocupada por lo temporal que pierde de vista lo eterno.

Cada vez que escuchemos un mensaje el Domingo, o leamos nuestra Biblia, nuestra tarea es sintonizar nuestra alma para un anhelo de ser:

> Moldeado,
>> Enseñado,
>>> Corregido y
>>>> Advertido.

Si en cambio, aproximo lo que oigo de parte de Dios con una agenda cerrada, presumiendo que ya sé todo, estoy en un camino seguro a la bancarrota espiritual: *al que no tiene, aun lo que tiene se le quitará v.25.*

Necesitamos oír la voz de Dios, necesitamos conocer su voluntad para poder ser hallados fieles en la administración de lo que nos ha sido dado. Tomemos la advertencia de no ser pasivos, ni presunciosos o indiferentes a su voz, dejemos la actitud de que ya entendemos todo o que alguna de las partes de la administración que tocaremos ya la tenemos dominada y nadie cambiará nuestro punto de vista.

Tomemos también la promesa de aquellos que responden con un corazón abierto y receptivo a ser enseñados durante toda su vida. Jesús nos enseña que su verdad será manifestada en nuestra vida dando frutos en todas las áreas, diciéndonos que *"Si mantenemos un corazón abierto a su consejo, siempre habrá una cosecha de frutos, de acuerdo a Sus promesas y poder, en nuestras vidas y en todas las circunstancias."*

No pienses que el 30- 60 y 100 % son categorías donde podemos caer, se entiende como una promesa en crecimiento e incremento. Es como si el Señor nos dijera:

"En este momento quizá tienes un retorno del 30 %, porque tu entendimiento y respuesta son limitadas, pero si continúas abierto a mi consejo y a la guianza de mi Santo Espíritu, encontrarás un incremento constante, al pasar los ciclos de la siembra y la cosecha. Querido hijo, estás en dirección a eventualmente cosechar al 100%, en gracia, propósito y bendición en tu vida."

La palabra de Dios ha sido dada para incrementar en crecimiento, fruto y bendición, *en y a través* de nuestra vida. Y mientras estemos abiertos y seamos enseñables y moldeables, escuchando con un corazón listo para obedecer, es que el fruto aparecerá e incrementará.

Resumen

El administrador no decide por su cuenta, debe de conocer el plan de Dios para cada área de su vida.

Jesús no sólo declaró que las ovejas conocerán a su pastor, pero también dijo que escucharán su voz y lo seguirán (Juan 10:27). Él nos dice que el recibir su Palabra y responder a ella es tan importante como el reconocerla (distinguirla).

Al reconocer esta relación de pastor-oveja como base de la manera de escuchar, nos dice:

1. Si no escuchas no sabrás en dónde estoy.
2. Si no respondes no sabrás a dónde voy.

Todo está en juego, su guianza y bendición, si no escuchamos atentamente nos podemos perder de las dos.

Escuchemos su voz, en ocasiones llamará, a veces corregirá, sin duda nos dará mandamientos y nos dirigirá, algunas veces enseñará, otras demandará, al oírlo nos cautivará, y siempre nos alcanzará con una suave y amorosa voz que nos dice: -"Sígueme".

Veamos siete maneras en que Dios habla a la humanidad.

Lee los siguientes pasajes Bíblicos y relaciona con una línea en las columnas de la derecha con la forma en que Dios habla.

Pasaje Bíblico	**Manera en que Dios se comunica con el hombre**
Salmos 19:1-6 y Romanos 1:20	1. Por la moral puesta en la conciencia humana, un sentido siempre presente de saber lo correcto e incorrecto.
Génesis 28:10-17 y Hechos 16:7	2. Con la sutil voz de su Espíritu Santo en nuestro corazón, dando paz o inquietándonos.
Juan 14:1-12 y Hebreos 1:1-14	3. A través de su creación, en su majestad y belleza, con tanta claridad que la humanidad tiene que reconocer que hay un Creador.
Romanos 1:14-15	4. Por Providencias divinas que nos afectan y guían.
2 Reyes 2:14-15, Hechos 13:11-12 y 1 Corintios 14:5,22-26	5. A través de Jesús (la Palabra viva) y de su obra redentora.
Isaías 30:21 y Hechos 10:9-12	6. A través de la Biblia, que nos ha dado a través de profetas y apóstoles inspirados por el Espíritu Santo.
2 Pedro 1:19-21 y 2 Tim 3:14-17	7. Usando milagros, prodigios o señales proféticas, convenciéndonos de su poder y presencia.

Introducción: Como administradores es importante reconocer que **existen leyes y principios** por los cuales se rige nuestra vida, al reconocerlos podremos actuar, decidir y construir conforme a ellos. Debemos de usarlos para nuestro beneficio más que negarlos y sufrir las consecuencias. Son principios que operan universalmente a pesar de estar de acuerdo con ellos o no.

Un buen ejemplo es **la ley de la gravedad**, que dice que existe una fuerza de atracción entre dos cuerpos dotados de masa y es directamente proporcional al producto de sus masas e inversamente proporcional al cuadrado de la distancia que los separa, para términos prácticos "todo lo que sube baja".

Esta ley la descubrió Isaac Newton en 1687, pero la ley existía desde siempre y operará hasta el final del mundo, todos estamos sujetos a ella. ¡No tiene caso retarla!

Todo buen Administrador debe de conocer el principio de la siembra y la cosecha. La primera vez que lo encontramos descrito como tal en la Biblia es por un amigo de Job: "Ponte a pensar: ¿Quién que sea inocente ha perecido? ¿Cuándo se ha destruido a la gente íntegra? La experiencia me ha enseñado que los que siembran maldad cosechan desventura."
Job 4:7-8 (NVI)

Este principio de la Siembra y la cosecha ha operado en la Tierra desde la Creación y operará hasta el final de los tiempos, y así como la ley de la gravedad, todos estamos sujetos a este principio y lo mejor que podemos hacer es conocerlo y usarlo para nuestro beneficio.

Mientras la tierra exista, habrá siembra y cosecha. Génesis 8:22

El agricultor conoce bien esta regla, él prepara la tierra, siembra una semilla, la riega y en un tiempo definido crece una planta que dará un fruto, el cual, invariablemente está relacionado con el tipo de semilla que se plantó, y siempre con una multiplicación exponencial de lo sembrado con lo cosechado.

Si sembramos una semilla de maíz, tardará unos 4 a 5 meses en producir una planta que tenga dos o tres mazorcas, cada mazorca tendrá a su vez, cientos de semillas de maíz.

Antes de entrar a estudiar más este principio, piensa en esto: Si una ley ha sido puesto por Dios, seguro que es para nuestro beneficio y protección, no la veas como una maldición, es algo que Dios ha instituido y siempre será para protegernos, bendecirnos y hacernos crecer. En nuestra labor de Administradores debemos de recordar siempre esto:

"A Dios le interesa tanto el proceso como el resultado"

Dios está interesado en nuestra madurez, en desarrollar carácter en nuestra vida y una de las herramientas que usa es el principio de la Siembra y la Cosecha.

4 Principios dentro del Principio

1. Si no hay Siembra, no hay cosecha

Como administradores, en un sentido somos agricultores, porque necesitamos aprender a sembrar para en su tiempo poder cosechar. Algo que nos sucede mucho a los humanos es querer cosechar lo que no sembramos, pero esto es un sueño utópico, por decirlo más derecho, es una mentira, acéptalo, nadie cosecha lo que no siembra, ni ayer, ni hoy, ni mañana.

No caigas en el fraude de aquellos que te quieren vender frutos sin siembra, y sin trabajo. Aléjate de ese pensamiento y de cualquier oferta que lo sostenga, es en contra del principio de la Siembra y la Cosecha que ha sido establecido por Dios.

Es tan lógico ver que *NO PODEMOS cosechar algo que no hemos sembrado*, sin embargo alrededor de nosotros encontramos continuamente esta oferta:

"Baje de peso en un día, sin dietas ni ejercicio".
"Hágase millonario sin trabajar".
"Le regalamos una casa".

¿Puedes pensar en algún otro ejemplo de oferta para cosechar sin tener que sembrar?

Lo más preocupante es que muchas veces caemos en la trampa de querer cosechar sin sembrar y sufrimos las consecuencias. En un sentido ya está operando el principio de la siembra y la cosecha, pero en reversa: deja de sembrar y dejarás de cosechar.

- ¿Qué cosas puedes identificar en tu vida que estás dejando de sembrar porque estás en un "sueño" de recibirlo sin esfuerzo?

- ¿Reconoces algo que has exigido o esperado pero no llega porque en realidad nunca lo has sembrado?

2. Según lo que sembramos cosecharemos

Lee Lucas 6:44 y responde:
Si sembramos espinos ¿qué cosecharemos? _______________________
¿Qué tenemos que sembrar para cosechar uvas? _______________________

Es obvio que si queremos cosechar mangos necesitamos sembrar mangos, si queremos sembrar lentejas necesitamos sembrar lentejas, según el género de lo sembrado es el género de lo cosechado. Y podrías decir: "-Claro, es lógico, ¡vayamos a algo que no sepa!" pero fuera del área agrícola, este punto es difícil de ver. Por ejemplo, en las relaciones interpersonales muchos se sorprenden de por qué están cosechando pleitos, malos tratos, contiendas. Seguramente es porque no han sembrado para cosechar algo distinto, o han sembrado ese tipo de semilla y ahora están recogiendo el amargo fruto.

La administración es práctica, no se sustenta con sueños, está bien asentada en la tierra e implica una planeación. Si quieres cosechar paz, tienes que sembrar paz, si quieres cosechar un retiro seguro, tienes que sembrar una vida de trabajo y ahorro, si quieres cosechar hijos amorosos tienes que sembrar amor en sus vidas.

¿Qué tipo de semilla detectas que tienes que dejar de sembrar?
____

¿Cuál es la que tienes que incluir en tu siembra diaria como administrador?
____

____
____
____
____
____
____

3. Toda cosecha requiere un tiempo entre la siembra y la cosecha.

No nos cansemos de hacer el bien, porque a su debido tiempo cosecharemos si no nos damos por vencidos. Gálatas 6:9 (NVI)

El frijol requiere sólo 90 días para dar sus primeros frutos, mientras que el nogal toma entre 6 y 10 años para dar sus primeras nueces. Cada semilla tiene su tiempo y esto aplica para cualquier cosa sembrada, sea en el área de las relaciones, de la economía, del aprendizaje, etc.

"Siempre se requiere un tiempo entre la siembra y la cosecha"

¿No crees que este tiempo de espera también está en el propósito de Dios?, porque ¿Cómo estaría nuestro carácter si todo lo cosecháramos sin la espera?, y la espera produce en nuestras vidas una cualidad importantísima para el Administrador: PACIENCIA.

Y el Señor encamine vuestros corazones al amor de Dios, y a la paciencia de Cristo. 2 Tesalonicenses 3:5 (RV)

Hermanos míos, tened por sumo gozo cuando os halléis en diversas pruebas, sabiendo que la prueba de vuestra fe produce paciencia. Mas tenga la paciencia su obra completa, para que seáis perfectos y cabales, sin que os falte cosa alguna. Santiago 1:2-4 (RV)

Aquí el elemento de fe entra en acción, se requiere fe al sembrar una semilla pequeña y esperar ver un gran árbol; se requiere fe al estar trabajando fielmente esperando ser promovido; se requiere fe al dar y dar en una relación sin desanimarnos sabiendo que con el tiempo cosecharemos; se requiere fe al soltar a un hijo al mundo que lo probará, sabiendo que todo lo que hemos sembrado en su vida dará su fruto.

Es, pues, la fe la certeza de lo que se espera,
la convicción de lo que no se ve. Hebreos 11:1 (RV)

Muchas personas dejan de sembrar o invertir en algo bueno porque no ven el fruto en poco tiempo. Se desaniman y abandonan la siembra, pero podemos preguntar a los más viejos y obtendremos siempre la misma respuesta:

"No dejes de sembrar, porque aunque parezca que tarda la cosecha, en su tiempo llegará y será de bendición"

- ¿Puedes mencionar 3 cosas que has dejado de sembrar o invertir porque te has impacientado al no ver pronto el fruto esperado?

1. ____

2. ____

3. ____

- Qué elementos nos ayudarán a esperar?
1. Ver 2 Tes. 3:5 _______________________________________
2. Ver Hebreos 11:1 ____________________________________

4. Siempre existirá una multiplicación

Ciertamente les aseguro que si el grano de trigo no cae en tierra y muere,
se queda solo. Pero si muere, produce mucho fruto. Juan 12:24 (NIV)

Pero las otras semillas cayeron en buen terreno. Brotaron, crecieron y
produjeron una cosecha que rindió el treinta, el sesenta y hasta el ciento por
uno. Marcos 4:8 (NIV)

Cuando un agricultor echa a la tierra una semilla de manzana, puede esperar cientos y cientos de manzanas que ese árbol dará a lo largo del tiempo. La cosecha es exponencial.

La MULTIPLICACIÓN es una garantía de Dios para nuestras vidas, si hemos sembrado y esperado en fe, cosecharemos multiplicado aquello que hemos confiado en manos de Dios.

Pero recuerda que este principio funciona también así:
"Si hemos sembrado mala semilla la cosecharemos multiplicada".

Muchas veces cuando pensamos en multiplicación, lo relacionamos con los intereses que nos da el banco al guardar nuestro dinero. Y aunque ahorrar para recibir intereses es bueno, el principio de la multiplicación es algo más grande. Se trata de sembrar, dar, generosamente, invertir con sabiduría. No es guardar o acumular con miedo, si no soltar en las manos de Dios para lograr todas las posibilidades.

No podemos dejar de sembrar y de invertir para el futuro en todas las áreas.

El servicio que ofrezcamos lo cosecharemos multiplicado,
El amor que demos lo cosecharemos multiplicado,
El dinero que regalemos lo cosecharemos multiplicado.

Escribe 3 cosas que quieres ver multiplicadas en tu vida
1. ____
2. ____
3. ____

Ahora anota qué acciones muy concretas tienes que hacer para poder cosecharlas.
1. ____
2. ____
3. ____

Resumen

Como Administradores según el Reino, confiemos en Dios y en sus principios, recordemos: "ESTÁN DISEÑADOS A ACTUAR A NUESTRO FAVOR", no los conoceremos realmente hasta que no los pongamos en práctica, pero una vez que los hemos probado de seguro no dejaremos de sembrar.

Después de la cosecha el agricultor selecciona la mejor semilla y la aparta para que sea la que se siembre en el siguiente ciclo de cultivo, garantizando con esta semilla más fuerte, mayores y mejores frutos.

Busquemos la buena tierra, seleccionemos la mejor semilla, escuchemos la guianza de Dios para saber sembrar sin desmayar, esperemos con fe y a su tiempo, te aseguro, cosecharemos al treinta, después al sesenta y así progresivamente hasta que cosechemos al ciento por uno.

Para Reflexionar

- En ocasiones la siembra puede ser un momento difícil y de prueba. Pero, ¿qué nos dice el Salmo 126 en cuanto a la manera de cosechar cuando hemos sembrado con lágrimas?

  ____

  ____

- ¿De qué te habla Proverbios 22:8-9, en cuanto al tipo de semilla que debemos de sembrar?

  - ____

  - ____

  - ____

Lee 2 Corintios 9:6-11:
¿Cuáles principios de la Siembra y la Cosecha ves representados en este pasaje? Marca los que apliquen.

(   ) 1. Si no hay Siembra, no hay cosecha
(   ) 2. Según lo que sembramos cosecharemos
(   ) 3. Toda cosecha requiere un tiempo entre la siembra y la cosecha
(   ) 4. Siempre existirá una multiplicación

- ¿Qué condición pone el Señor al que da?

  ____

- Cuándo Dios nos bendice con una gran cosecha ¿qué es lo que espera que hagamos con ella?

  ____

SEGUNDA PARTE

Administración del Dinero

¿En dónde está tu confianza?

Para Dios es muy importante cómo administramos nuestro dinero porque demuestra de forma práctica hacia dónde está inclinado nuestro corazón. ¿Sabías que más de 700 versículos hablan de dinero en la Biblia? ¿Sabías que dos terceras partes de las parábolas de Jesús hablan de dinero?

El dinero es una herramienta que usamos en la sociedad para comprar y vender bienes y servicios al colocarles un valor expresado en la unidad de esta misma herramienta, de acuerdo a un sistema económico basado en la oferta y la demanda. Esta herramienta está a nuestro servicio desde la antigüedad y seguro existirá hasta el fin de los tiempos.

La parte importante a tomar en cuenta es que *está a nuestro servicio*, y de alguna manera también es una herramienta que Dios usa para probar nuestros corazones e intenciones.

¿Tu seguridad está en el dinero?

El peor enemigo de la fe en Dios, no son los ídolos, sino el Amor al Dinero. Podemos llegar a tener más confianza en lo que poseemos que en Dios mismo. ¿Recurres primero a solucionar tus problemas en base al dinero que en la búsqueda de Dios?

Es frecuente que el dinero tome el lugar de Dios, y en cierta forma se convierte en tu dios, esto es idolatría.

Porque el amor al dinero es la raíz de toda clase de males. Por codiciarlo, algunos se han desviado de la fe y se han causado muchísimos sinsabores. 1 Timoteo 6:10 *(NVI)*

Lee Eclesiastés 5:10
¿Qué le pasa al que ama el dinero? _______________________
____

Lee 1 Timoteo 6:7-10
¿Qué es lo que después de muchos años de acumular nos llevaremos al cielo? ____
____

¿Qué es lo peor que puede producir el amor al dinero en nuestra vida?
____

¿Qué espera Dios que hagamos en cuanto al dinero?

1. <u>Dios espera que trabajemos para obtenerlo:</u>

Debemos trabajar, es algo que está en el diseño de Dios para el Hombre, dignifica, tiene un propósito, y da un testimonio, nos hace bien a nosotros, a nuestra familia y a la sociedad.

Parte de la bendición que Dios da a sus hijos es un trabajo en donde podamos demostrar nuestra fidelidad y producir frutos. Recuerda que necesitamos trabajar no como para los hombres sino como para el Señor.

Seis días trabajarás, y al séptimo día reposarás, . . . Éxodo 23:12 (RV)

El trabajo no es una maldición como algunos piensan. Desde antes de que Adán cayera de la presencia de Dios, ya trabajaba administrando la creación, él era ¡Taxonomista y Agricultor! Pasaba el tiempo poniéndole nombre a todas las creaturas según su género y conociendo la creación, que debió haber sido una tarea bastante pesada para un hombre, de igual forma cultivaba el jardín del Edén.

Dios el SEÑOR tomó al hombre y lo puso en el jardín del Edén para que lo cultivara y lo cuidara...

...Entonces Dios el SEÑOR formó de la tierra toda ave del cielo y todo animal del campo, y se los llevó al hombre para ver qué nombre les pondría. El hombre les puso nombre a todos los seres vivos, y con ese nombre se les conoce. Génesis 2:15 y 19 (NVI)

Lee 2 Tesalonicenses 3:6-13
¿Qué ordena el Apóstol Pablo en cuanto a los que no trabajan?
v. 6: _______________________________
v. 10: ______________________________
v. 12: ______________________________

El trabajo es algo bueno y necesario, es una bendición de parte de Dios el tenerlo y poder realizarlo. Trabajar es digno, necesario y dentro del propósito de Dios.

2. Dios espera que trabajemos para cubrir nuestras necesidades básicas:

El objetivo de nuestro trabajo es para poder tener lo suficiente para cubrir nuestras necesidades básicas, aquí el primer dilema con el que nos encontramos: ¿Cuáles son nuestras necesidades básicas?

Es importante que definamos esta pregunta delante de Dios, porque vivimos en una sociedad materialista, que nos tratará de vender muchas cosas superfluas (no básicas) como imprescindibles, y al caer en este juego mercadológico tenderemos a trabajar mas allá de lo que Dios ha diseñado o con una intención incorrecta, o a dirigir nuestros recursos hacia cosas no necesarias.

Medita en este pasaje Bíblico:

Manténganse libres del amor al dinero, y conténtense con lo que tienen, porque Dios ha dicho: Nunca te dejaré; jamás te abandonaré. Hebreos 13:5(NVI)

La avaricia significa "Desear más", porque no estamos satisfechos ni contentos con lo que tenemos ahora.

La avaricia es algo que nos puede alejar del propósito de Dios para nuestras vidas. Puede hacer que nos salgamos de la voluntad y protección de Dios al caer en prácticas que no le agradan a Él con tal de buscar obtener más, con ganancias ilícitas, aprovechándonos de otros, o descuidando nuestras prioridades. La avaricia está dentro de las listas que el Apóstol Pablo da diciendo "Los que practican tales cosas no heredarán el reino de Dios" (Romanos 1:29), y la Biblia es clara al decir que la codicia quita la vida a sus poseedores (Proverbios 1:19).

Necesitas definir qué es lo NECESARIO en tu vida, de acuerdo al momento que estás viviendo, el lugar donde naciste y de acuerdo a lo que Dios te esté hablando.

____

____

____

____

____

____

Tener contentamiento no significa conformismo, Dios quiere que nos esforcemos, que mejoremos, que crezcamos. Él puede llevarte a obtener aumentos de sueldo y promociones en tu trabajo y muchas ventas en tu comercio, pero siempre dentro de un propósito, tiempo, y camino recto.

Analiza este proverbio:

Sólo dos cosas te pido, SEÑOR; no me las niegues antes de que muera: Aleja de mí la falsedad y la mentira; no me des pobreza ni riquezas sino sólo el pan de cada día. Porque teniendo mucho, podría desconocerte y decir: "¿Y quién es el SEÑOR?" Y teniendo poco, podría llegar a robar y deshonrar así el nombre de mi Dios. Proverbios 30:7-9 (NVI)

____

____

____

____

____

____

____

____

¿En qué te puede servir este proverbio para balancear tu trabajo, tus ambiciones y metas?

____

____

3. <u>Dios espera que no nos enamoremos del dinero:</u>

¿Se puede alguien enamorar del dinero?

Sé que de primer golpe esto puede parecer absurdo, pero es algo tan real y común ver a personas perdidamente enamoradas del dinero que "pierden el piso", pierden su relación con Dios y muchas otras cosas.

"Nuestra sociedad ha llegado a un momento en que ya no adora al becerro de oro, sino al oro del becerro".
Antonio Gala

Estudiemos una conversación que tiene el Apóstol Pablo con su discípulo Timoteo:

Si alguno enseña otra cosa, y no se conforma a las sanas palabras de nuestro Señor Jesucristo, y a la doctrina que es conforme a la piedad, está envanecido, nada sabe, y delira acerca de cuestiones y contiendas de palabras, de las cuales nacen envidias, pleitos, blasfemias, malas sospechas, disputas necias de hombres corruptos de entendimiento y privados de la verdad, que toman la piedad como fuente de ganancia; apártate de los tales. Pero gran ganancia es la piedad acompañada de contentamiento; porque nada hemos traído a este mundo, y sin duda nada podremos sacar. Así que, teniendo sustento y abrigo, estemos contentos con esto. Porque los que quieren enriquecerse caen en tentación y lazo, y en muchas codicias necias y dañosas, que hunden a los hombres en destrucción y perdición; porque raíz de todos los males es el amor al dinero, el cual codiciando algunos, se extraviaron de la fe, y fueron traspasados de muchos dolores. 1 de Timoteo 6:3-10 (RV)

Consulta 1 Timoteo 6:10 y completa la frase:
"Raíz de todos los males es _______________________________".

¡Qué tremenda frase! ¿Será que por eso la Biblia nos habla tanto de cómo ser buenos Administradores? ¿Conocerá algo Dios sobre la tendencia de nuestro corazón hacia amar el dinero?

El dinero no es malo, en sí no hace ningún daño, de hecho es amoral y puede ser usado para mucho bien, pero **"el amor al dinero"** es de lo más peligroso que puede existir. Medítalo: "Mucho del mal que vemos hoy en día es debido a la codicia necia y dañina que hunde a los hombres en destrucción y perdición".

Las riquezas del rico son su ciudad fortificada,
Y como un muro alto en su imaginación
Proverbios 18:11 (RV)

¿Cómo podemos identificar si estamos teniendo un "romance" con el dinero?

Responde a estas preguntas sinceramente:

- ¿Qué es lo que consideras tu tesoro?
- Cuando se trata de tener que dar a otros no de lo que te sobra, sino que implicaría dar de lo que es para ti, ¿te cuesta mucho? _______________
- ¿Qué es lo que más te dolería que te robaran o perder?_____________
  ____

- ¿Por qué estás dando la vida? (puedes entender VIDA como largas horas de desvelo o descuidar tus prioridades por atenderlo).
  ____

- ¿Qué es lo que te provoca pelearte hasta romper tu relación con familia y amistades? ____
- ¿Qué es lo que te ha llevado a hacer cosas fuera de la voluntad de Dios justificándote a ti mismo? ___________________________________

Si en alguna de estas preguntas has contestado que es El DINERO o cosas materiales, estás teniendo romance con el dinero y esto te acarreará muchos problemas.

Jesús lo decía de una manera sencilla y clara: "En donde está tu tesoro ahí está tu corazón".

*No acumulen para sí tesoros en la tierra, donde la polilla y el óxido destruyen, y donde los ladrones se meten a robar. Más bien, acumulen para sí tesoros en el cielo, donde ni la polilla ni el óxido carcomen, ni los ladrones se meten a robar. **Porque donde esté tu tesoro, allí estará también tu corazón.** Nadie puede servir a dos señores, pues menospreciará a uno y amará al otro, o querrá mucho a uno y despreciará al otro. **No se puede servir a la vez a Dios y a las riquezas.** Mateo 6:19-21, 24 (NVI)*

Recuerda, NO HAY NADA MALO CON EL DINERO, al tenerlo podemos usarlo correctamente, si tienes abundancia de dinero úsalo correctamente para los propósitos de Dios en tu vida y en la vida de otros. Pero tienes que tener muy **presente que:** "No podemos servir a dos señores", no podemos estar ligados al dinero y pensar que estamos creciendo en nuestra relación con Dios.

Si tienes un *romance* con el peso, el dólar, el euro, el oro o la plata, la casa o el auto de tus sueños, las comodidades, ropa o lujos que deseas, Dios te está diciendo que rompas con él. Que renuncies a esa ligadura que sólo te traerá problemas. Y quizá preguntas ¿cómo puedo romper ese *romance* fuerte que me envuelve?

1. Arrepiéntete sinceramente, reconoce que no puedes amar a Dios y al dinero a la vez.

2. Busca Primero el Reino de Dios, y descansa en que el Señor proveerá tus necesidades.

3. Invierte tu tiempo y energía en acumular "tesoros en el cielo", en las cosas eternas.

4. Vive dando generosamente, es un buen termómetro para cuidar tu corazón.

Testimonio del Pastor: 

Cuando servíamos a la iglesia en las reuniones de hogar había un matrimonio que tenía un negocio de venta de alimentos preparados. Las reuniones las teníamos los viernes en la noche, y este matrimonio abrió su hogar para estos estudios bíblicos. Pero el hombre de la casa tenía que trabajar los viernes por la noche, y esa sola noche representaba del 30 al 40% de lo que vendía a la semana, por lo que era esperable que no asistiera en este horario. Sin embargo, tenía muchas ganas de estar en las reuniones, así que oró a Dios:

-*"Dios, si me das la venta de los viernes en otro horario de la semana dispondré de los viernes en la noche para estudiar mas de ti".*

A la siguiente semana, abrió el negocio el viernes en la mañana, y desde temprano comenzó a vender de una forma increíble, nunca en la historia de su negocio había vendido tanto como esa mañana, ni siquiera en las noches. Al llegar la tarde pasó este pensamiento en su corazón:

- *"Si así vendí en la mañana, cuánto más venderé en la noche".*

Pero comenta que llegó un estremecimiento en su corazón que le recordó su oración a Dios, así que en contra de toda la lógica humana, cerró su negocio y desde entonces no se perdió ningún viernes de estudio bíblico. Al hombre nunca le ha faltado nada desde entonces para proveer a su familia.

4. Dios espera que confiemos siempre en su bendición y provisión:

La provisión de Dios no quiere decir que nos sentemos en casa a esperar que Dios nos traiga una bolsa de dinero, sino que al esforzarnos y trabajar, al sembrar y cosechar, Él esté a nuestro lado bendiciendo la siembra y multiplicando la cosecha. Dándonos la sabiduría para saber administrar y hacer rendir lo que está en nuestras manos, sabiendo en dónde invertirlo, colaborando en su obra y bendiciendo a otros.

Tenemos que conocer que Dios es un Padre para nosotros, y quiere lo mejor para sus hijos, usará lo que nos ayude a crecer y nos estorbará de obtener lo que nos pudiera producir daño. ¿No harías así tú con tus hijos? Muchas veces nuestras oraciones en cierta forma dicen, "Señor, échame a perder por sólo ésta vez", pero qué bueno que Dios es un Padre firme, bueno y sabemos también que es un Padre espléndido.

Que El Señor te conceda lo que tu corazón desea; que haga que se cumplan todos tus planes.
Salmo 20:4 (NVI)

Deléitate asimismo en Jehová, Y él te concederá las peticiones de tu corazón. Salmo 37:4 (RV)

La bendición de Dios comienza al permitirnos disfrutar lo que tenemos, y podemos pensar que esto no es ayuda pero, voltea y ve como hay cantidad de personas que tienen y no disfrutan, su vida es de agobio y de preocupaciones, ¿de qué les sirven tener las alacenas llenas si están sin gozo?

Testimonio del Pastor 

Un Mal Testimonio: Conocí a una persona que era dueña de una fábrica de ropa muy próspera, pero él decidió que sería el único que tendría la llave de la fábrica. Así que tenía que abrir muy de mañana y cerrar muy de noche, no salía a tomar vacaciones, mientras sus empleados sí; era dueño de todo pero vivía como esclavo de todos, ¡qué tristeza!

- Lee Eclesiastés 5:19 ¿Quién es el que está interesado en que podamos disfrutar de nuestros bienes? _______________________________
- Lee Eclesiastés 9:11 ¿Quién tiene oportunidad de sobresalir en la vida? _______________________________
- Lee Filipenses 4:12-13 De acuerdo a este texto Bíblico ¿Tu podrías decir que Todo lo puedes en Cristo que te fortalece? _______________

 Resumen

Estemos tranquilos pero activos, con contentamiento pero soñando, usando el dinero pero no amándolo, confiados de que Dios no nos dejará sin lo necesario para nuestra subsistencia y aún nos dará un poco más para bendecir a otros y a su iglesia.

Jesús dio una ilustración dulce y profunda en cuanto a la provisión de Dios y comentaba que las aves del cielo que no siembran ni cosechan, ni recogen en graneros, Dios las alimenta ¿cómo no nos alimentará a nosotros que valemos mucha más que ellas? Lee Mateo 6:25-30

Largura de días está en su mano derecha; en su izquierda, riquezas y honra.
Sus caminos son caminos deleitosos, y todas sus veredas paz.
Proverbios 3:16-17 (RV)

Joven fui, y he envejecido, y no he visto justo desamparado,
Ni su descendencia que mendigue pan.
En todo tiempo tiene misericordia, y presta;
Y su descendencia es para bendición. Salmo 37:25-26 (RV)

El justo florecerá como la palmera; Crecerá como cedro en el Líbano
Salmo 92:12 (RV)

Estemos seguros que Dios hará su parte, pero nosotros necesitamos hacer la nuestra, seamos cuidadosos y firmes Administradores con lo que Dios nos ha dado, sembremos en fe, y cosecharemos en bendición.

Para Reflexionar:

Lee los siguientes pasajes y escribe ¿Qué es lo que te dice la Palabra para tu vida en este momento?

* *Proverbios 23:4-6* _______________________________________
____
____
____
____

* *Salmos 73:2-3* ____
____
____
____
____

* *Lucas 12:15* ____
____
____
____
____
____

Introducción. Uno de los puntos más importantes que tocamos en el tema anterior fue el de ser cuidadosos de no ligar nuestro corazón con el dinero, porque es el principio de todos los males, y mencionamos que entre los antídotos está el "Dar".

Comencemos recapitulando un poco sobre lo que hemos hablado, recordemos que la administración tiene que ver con lo que uno ha recibido y lo que hacemos con eso. Lo primero que hemos recibido es vida y lo que hacemos con esa vida es mayordomía (Administrarla).

Siempre hay un principio Bíblico que podemos aplicar a nuestra vida que tiene que ver con la producción, distribución y consumo de lo que tenemos, sea el Tiempo, sean Talentos, sean Recursos económicos.

La Administración se relaciona frecuentemente con dinero (pero no es exclusiva a él) aunque sí es un elemento que evidenciará mucho lo que hacemos con el resto de los regalos que Dios nos da.

No hay nada que pueda reflejar mejor nuestros miedos e inseguridades, que la manera en que Administramos nuestras posesiones: ¿Tienes temor a no tener lo suficiente?

Cómo manejamos el dinero demuestra en mucho si caminamos o no en fe: ¿Has sentido el temor de que si siembras en la vida de otro no tendrás suficiente para la tuya?

Por eso Jesús nos enseña acerca de la confianza que debemos de tener en Dios, de quitar afanes y preocupaciones, Dios ha venido a librarnos de todo temor, incluyendo el financiero:

Lee Mateo 6:25-32 y marca la respuesta correcta:

- El afanarse es una muestra de falta de:
  ( ) Trabajo   ( ) Contentamiento   ( ) Fe   ( ) Propósito

- Está siempre atento a nuestro cuidado
  ( ) La Naturaleza   ( ) Salomón   ( ) Los Afanes   ( ) Dios Padre

Para ser libre de cualquier temor se requiere de Fe y por eso llegamos al punto de manejar nuestro dinero de una manera que demuestre nuestra fe y confianza en Dios, el dinero es algo tangible que demuestra hacia dónde está dirigido nuestro corazón.

¿Qué implica ser Administradores según el Reino?

Para ser buenos administradores necesitamos SABER estos
cinco principios básicos que hemos aprendido de Wayne Myers:

1) SABER que Todo lo que tenemos ha sido Dado:

Como estuvimos viendo en el primer tema de este libro, Dios es el que nos da todo para que lo Administremos: la vida, hijos, posesiones, etc.

Del Señor es la tierra y todo cuanto hay en ella, el mundo y cuantos lo habitan. **Salmos 24.1 (NVI)**

2) SABER que Todo lo que necesitamos está prometido:

El Señor es un Padre bueno que desea vernos prosperar en todas las áreas de la vida, la Biblia está llena de promesas de Dios para ti.

Así que mi Dios les proveerá de todo lo que necesiten, conforme a las gloriosas riquezas que tiene en Cristo Jesús.
Fil 4:19. (NVI)

3) SABER que Todo lo que DAMOS está premiado:

Den, y se les dará: se les echará en el regazo una medida llena, apretada, sacudida y desbordante. Porque con la medida que midan a otros, se les medirá a ustedes. Lucas 6;38 (NVI)

Dios es un Dios Galardonador, esto significa que es Premiador:

*Pero sin fe es imposible agradar a Dios; porque es necesario que el que se acerca a Dios crea que le hay, y que es **galardonador** de los que le buscan.*
Hebreos 11:6 (RV)

Es claro que no hay que dar por el premio sino por el gozo de obedecer y servir a Dios, pero lo que hay que saber es que no hay manera de escapar la recompensa, no podremos escapar de su bendición cuando hemos obedecido.

*Acontecerá que si oyeres atentamente la voz de Jehová tu Dios, para guardar y poner por obra todos sus mandamientos que yo te prescribo hoy, también Jehová tu Dios te exaltará sobre todas las naciones de la tierra. Y vendrán sobre ti todas estas bendiciones, **y te alcanzarán**, si oyeres la voz de Jehová tu Dios. Deuteronomio 28:1-2*

"Cuando damos porque no podemos evitarlo, recibiremos porque no podemos detenerlo." Wayne Myers

4) SABER que Todo lo que hacemos se toma en cuenta:

Porque es necesario que todos nosotros comparezcamos ante el tribunal de Cristo, para que cada uno reciba según lo que haya hecho mientras estaba en el cuerpo, sea bueno o sea malo.
2 Corintios 5:10 (RV)

¿Qué hicimos con nuestro tiempo, recursos y potencial? Sin excusas daremos cuentas de toda nuestra Administración.

No se refiere a perder la salvación -la salvación es un regalo de Dios al creer en Cristo- pero sí la Biblia habla de estar frente a Dios y que por fuego será probada la edificación de nuestras vidas.

Muchas veces vivimos una mentira, pensando que tenemos excusas para no tener que ser responsables para dar cuentas, pero recuerda, sólo hay una vida.

Y de la manera que está establecido para los hombres que mueran una sola vez, y después de esto el juicio. Hebreos 9:27 (RV)

"Sólo es una vida que pronto pasará y sólo lo hecho para Cristo permanecerá"

5) SABER que mi responsabilidad es Obedecer:

Nuestra responsabilidad está en caminar fielmente en los principios de Dios, Sembrar, Dar, Caminar en Fe, etc. los resultados son responsabilidad de Dios.

La responsabilidad del agricultor es preparar la tierra, sembrar la semilla y regarla, pero todo el potencial de crecimiento y de dar fruto multiplicado que tiene la semilla es responsabilidad de Dios. El Administrador debe de estar consiente de esta sociedad en responsabilidades, y dedicarse a lo suyo confiando que Dios es fiel para hacer su parte.

Porque yo sé muy bien los planes que tengo para ustedes —afirma el SEÑOR—, planes de bienestar y no de calamidad, a fin de darles un futuro y una esperanza. Jeremías 29:11 (NVI)

Resumen

Dios no nos ha dejado solos en la tarea de Administrar, y se goza al ver cómo caminamos en fe hacia hacerlo cada vez mejor. Él está disfrutando el proceso, de hecho, lo está usando para impactar el carácter de Su Hijo Jesucristo en nosotros. Disfruta el viaje, y aprovecha el proceso de aprendizaje porque cada vez conocerás más al Dios que es dueño de Todo, al Dios proveedor y protector, al Dios que se complace en animar y premiar.

Todas las promesas que ha hecho Dios son «sí» en Cristo. Así que por medio de Cristo respondemos «amén» para la gloria de Dios. 2 Corintios 1:20 (NVI)

____

____

____

____

____

____

____

____

____

____

____

Para Reflexionar:

Lee los Siguientes pasajes y responde:

Proverbios 7:1-4, Salmo 1, Salmo 119:1-8, Romanos 8:28.

- ¿Crees que Dios sea responsable de la situación financiera en que te encuentras?

____

____

- ¿Crees que Dios puede usar la situación financiera en que te encuentras para bien en tu vida?

____

____

- ¿Cómo?

____

____

- ¿Crees que Dios tiene un propósito para tu vida y que lo puedes alcanzar sólo obedeciendo sus principios?

____

____

- ¿Crees poder reconocer a Dios en las bendiciones que has recibido?

____

____

"La aventura del Diezmo"

Den, y se les dará: se les echará en el regazo una medida llena, apretada, sacudida y desbordante. Porque con la medida que midan a otros, se les medirá a ustedes. Lucas 6:38 (NVI)

El Diezmo, un principio de enseñanza y crecimiento en el DAR

El Diezmo no es un Requisito legalista,
sino una puerta abierta a grandes bendiciones.

Lee Malaquías 3:6-12
- ¿En que área dice Dios que le había robado el Pueblo de Israel?

____

- ¿Qué fue lo que acarreó sobre sí la nación al robarle a Dios?

____

- ¿Menciona las tres bendiciones que recibirá el pueblo cuando se den los diezmos?
1. v.10 abriré. . . ____
2. v.10 derramaré. . . ____________________________________
3. v.11 Reprenderé . . . __________________________________
- ¿Por qué las naciones les dirán bienaventurados?

____

Traigan íntegro el diezmo para los fondos del templo, y así habrá alimento en mi casa. Pruébenme en esto —dice el SEÑOR Todopoderoso—, y verán. Malaquías 3:10 (NVI)

Cuando estudiamos un pasaje en la Biblia debemos de buscar las palabras claves, en este pasaje en Malaquías 3:10, una de las palabras claves es *"Probar"*, que significa distinguir, escudriñar, investigar. No es algo común que veamos que Dios nos rete a PROBARLO en algo, pero en este principio específico de Dar el diezmo, se nos invita a hacerlo. ¿Te sientes retado?

¿Pero, qué es el Diezmo?

Comencemos estudiando que no es:

- <u>No es una limosna</u>: La limosna es dar lo que nos sobra a los económicamente débiles, la Biblia sí nos habla de que demos limosna a otros en necesidad, pero Dios no está en necesidad, Él no es económicamente débil, por lo que debemos de alejarnos del concepto de dar limosna a Dios, a Él no le damos lo que nos sobra, a Él le damos lo que es suyo.

- <u>No es un "pozo de los deseos"</u>: Un Pozo de los deseos es un lugar donde algunos echan una moneda y al mismo tiempo piden un deseo. Si tu ves una fuente o un pozo del deseo está lleno de monedas, pero usualmente de la denominación más baja, y esto habla mucho del corazón del hombre, todos quieren participar "por si las dudas", pero en realidad no creen en el pozo porque no funciona, porque si funcionara estaría lleno de monedas de oro, la gente echaría lo mejor que tiene con tal de obtener su deseo. El Diezmo no es dar y pedir un deseo, es dar por obediencia.

El Diezmo no es una manera de torcerle la mano a Dios a nuestro favor, es el participar a Dios en lo nuestro y nosotros en lo de Dios.

Que sí es el Diezmo:

La palabra *diezmo* significa la décima parte, el diez por ciento, lo que regresamos a Dios debe de ser el 10% de lo que recibimos.

"Dé conforme a sus ingresos, no sea que Dios reduzca sus ingresos conforme a lo que da." Wayne Mayers

Para poder definir cuál es mi 10% necesito definir ¿Cuál es mi 100%? Estudiemos este pasaje donde el apóstol Pablo nos da una gran lección de administración:

Recuerden esto: El que siembra escasamente, escasamente cosechará, y el que siembra en abundancia, en abundancia cosechará. Cada uno debe dar según lo

que haya decidido en su corazón, no de mala gana ni por obligación, porque Dios ama al que da con alegría. Y Dios puede hacer que toda gracia abunde para ustedes, de manera que siempre, en toda circunstancia, tengan todo lo necesario, y toda buena obra abunde en ustedes.
2 Corintios 9:6-8 (NVI)

Este pasaje nos recuerda el principio de la Siembra que ya hemos analizado, nos menciona que demos: En Abundancia, no de mala gana ni por obligación, de forma alegre y conforme cada quien ha propuesto en su corazón.

____

____

____

____

____

____

____

Así que Demos . . .

1. En Abundancia: El Dar que Dios tiene en mente para nosotros es un Dar generoso, en abundancia, espléndido. El primer pensamiento que quizá viene a tu mente es el de que para poder ser espléndido se tiene que *tener* espléndidamente, y tienes toda la razón, pero la pregunta es:

¿Qué es primero, la siembra o la cosecha?

El orden adecuado es primero SEMBRAR y el calificativo que nos menciona el pasaje es SEMBRAR GENEROSAMENTE, recuerda, no podremos escapar la bendición, cosecharemos generosamente.

Diezmar es Sembrar

¿Se puede dar más del 10%?
Recuerda que el 10% que recomienda la Biblia es un piso no un techo.

2. No de mala gana ni por obligación: No es un decir "bueno, está bien, si no hay otra forma, daré", recuerda que las motivaciones y actitudes de corazón son las que cuentan. El diezmo está diseñado para probarnos y sacar a la luz lo que verdaderamente hay en nuestro corazón. Cuando confiamos de todo corazón, daremos sin esperar nada a cambio, sin la necesidad de hacerlo para *obtener*, sino solamente porque amamos al que nos enseñó a darlo todo, a Jesús que dió su vida por nosotros y a su Padre que lo envió:

"De tal manera amó Dios al mundo que **dió**......" Juan 3:16

El Diezmar es algo no negociable, pero es voluntario si me doy a entender.

3. De forma alegre: Dios ama al dador alegre. ¡Qué gran declaración! Cuando ves a alguien que da alegremente, no sólo en el aspecto del dinero, pero también en el tiempo y talentos, pregúntale: ¿Cuando comenzaste a dar tenías la misma alegría? Quizá te dirán que no, que ha sido un proceso de crecer, entender y obtener ese gozo.

Apuntes del Pastor: 

Yo puedo identificar en mi vida que al principio cuando daba, me faltaban algunos de los calificativos que mencionamos, no daba generosamente, y tenía dudas, lo cual no me dejaba gozarme, pero con el paso del tiempo ha venido una transformación total en mi vida, doy sin falta, abundantemente, voluntariamente y ¡hasta me da risa!

El Dar el Diezmo es un festejo de adoración a un Dios bueno

4. Conforme cada uno propuso en su corazón: Esto es un principio importante, el dar es una aventura individual. En el ejemplo del Diezmo nos habla del 10%, pero la pregunta es ¿cuánto es tu 100 %? Cada quien tiene que determinarlo, ¿es antes de impuestos, es después de impuestos, incluyes prestaciones o no incluyes prestaciones, los vales de despensa, el aguinaldo, herencias, bonos por productividad, etc., etc.? Si ves, no es tan fácil el determinar el 100% de tu ingreso para entonces sacar el 10% del Diezmo. La Biblia no es específica en cuanto a cómo determinarlo, pero lo que nos dice es *"Conforme* *cada quien dispone en su corazón".* Es tan interesante descubrir una y otra vez, que la administración según el Reino no es algo frío y calculado, sino todo lo contrario, brota de lo profundo de nuestro corazón.

Apuntes del Pastor:

Cuando alguien me pregunta si debo de diezmar de mi sueldo neto o del total, yo le respondo; eso depende ¿quieres que Dios bendiga tu sueldo neto o el total? Normalmente quedan satisfechos con la respuesta.

El dar el Diezmo es una aventura que crece.

- Mi testimonio en cuanto el diezmo:
Quiero ser transparente y comentarte que cuando escuché de este principio por primera vez, lo que me convenció a darlo fue la palabra *"Pruébame"* (siempre me han gustado los retos), y me costaba bastante darlo. Era una lucha en tres áreas de mi vida, en mi mente, en mi cartera y en la articulación húmero radial que llamamos ¡"el codo"!
Pero lo probé y me dí cuenta que la bendición de Dios comenzó a llegar a mi vida, sinceramente esperaba que una bolsa llena de dinero pudiera llegar a la puerta de mi casa como recompensa de lo que daba, pero lo que sucedió fue mejor, sucedió una transformación en mi corazón, dejé el amor al dinero, y abracé más la obra de Dios en la Iglesia.

En el área económica he podido ver cómo el 90 % que me queda para administrar **después de dar el diezmo: lleva bendición, rinde y alcanza y no nos ha hecho falta nunca nada.** Siempre hemos tenido para suplir nuestras necesidades y para bendecir a otros, y lo mejor de todo:
¡LO HEMOS DISFRUTADO MUCHO!

Pero aquí no terminó todo, porque Dios fue tratando varios aspectos con este principio del Diezmo. Primero fue el darlo, creo que fue el gran paso de fe y confianza en Dios, pero después vinieron más pruebas a mi fe, como la convicción de darlo a tiempo, y nunca retrasarme. Es lo primero que doy de mi ingreso. Después empecé a analizar mi 100 %, y tuve que responder algunas preguntas para definirlo, ¿de lo que gano neto o total, antes de impuestos? ¿incluyo las prestaciones?, etc. Lo interesante de todo este proceso, es que vi que Dios me bendijo en cuanto dispuse mi corazón a hacer cuentas, no esperó a que se lo diera.

Y la aventura continúa, ésta es un área de crecimiento continuo. He aprendido que a Dios no le interesa tanto el *resultado* como el **Proceso**.

Resumen

Al aplicar la administración según el Reino en nuestras vidas, muchas ideas y pensamientos que resisten los principios de Dios tendrán que ser confrontadas. El dar es un buen comienzo en esta confrontación. Al dar contradeciremos muchos de los consejos que nos dicen: "No des, acumula para tener más, si das, se te acabará." Pero estos son contrarios al consejo del Reino de Dios.

Cuando aconsejo a un cristiano que tiene problemas económicos lo primero que le pregunto es: "¿Estás diezmando?", porque a partir de estar bajo esta bendición es que podemos construir.

El Diezmo es un punto clave en nuestro crecimiento como administradores y en el aprendizaje de dar, nos mantendrá balanceados en nuestras prioridades y bendecidos en nuestro caminar.

Para Reflexionar:

Un Inventario Personal.

La Intención de este pequeño inventario es para ayudarte a evaluar tu propia mayordomía. De ninguna manera busca causar condenación como resultado de contestar estas preguntas, es sólo una herramienta para poner en perspectiva la aplicación de las enseñanza que acabamos de ver, comprendiendo que la aplicación de estos principios en tu vida liberará la bendición que Dios desea derramar, y reafirmar la elección que hemos tomado de vivir en una relación de pacto con Dios.

Diezmo:

- Creo que el Diezmo es un instrumento por el cual la bendición de Dios es liberada en distintas áreas de mi vida: Si_____ No______

- Estoy de acuerdo que el Diezmo no es negociable y demuestra mi sometimiento al consejo de Dios: SI______ No______

- Soy disciplinado en diezmar de todo lo que recibo: Si __ NO___

- Diezmo y también doy las primicias de todos los incrementos de mi ingreso: SI___ NO___

Ofrendas:

- Apoyo las misiones mundiales de forma regular como parte de mi presupuesto mensual: Si___ NO

- Doy mas allá de mi diezmo a obras de amor específicas cuando el Espíritu Santo así me lo muestra. Si_____ No______

____

____

____

____

____

____

____

____

____

____

____

____

____

Honra al SEÑOR con tus riquezas y con los primeros frutos de tus cosechas. Así tus graneros se llenarán a reventar y tus bodegas rebosarán de vino nuevo. Proverbio 3:9 (NVI)

"Cada derecho implica una responsabilidad; cada oportunidad una obligación, cada posesión un deber". John Rockeffeler

Los mejores regalos que Dios nos da son las oportunidades, oportunidades de conocer, creer y participar. Al conocer nos acercamos a Dios, al creer somos hechos hijos de Dios, y al participar somos colaboradores de Dios. En este pasaje en el libro de Éxodo encontramos cómo Dios -el dueño de todo el oro del mundo- permite que su pueblo participe en dar para bendición:

El SEÑOR habló con Moisés y le dijo: Ordénales a los israelitas que me traigan una ofrenda. La deben presentar todos los que sientan deseos de traérmela. Como ofrenda se les aceptará lo siguiente: oro, plata, bronce, lana teñida de púrpura, carmesí y escarlata; lino fino, pelo de cabra, pieles de carnero teñidas de rojo, pieles de delfín, madera de acacia, aceite para las lámparas, especias para aromatizar el aceite de la unción y el incienso, y piedras de ónice y otras piedras preciosas para adornar el efod y el pectoral del sacerdote. Después me harán un santuario, para que yo habite entre ustedes. El santuario y todo su mobiliario deberán ser una réplica exacta del modelo que yo te mostraré. Éxodo 25:1-9 (NVI)

¿Por qué será que Dios extiende la invitación a dar, en lugar de darlo todo a Él?, ¿Será que en el dar Dios está probando nuestros corazones?, ¿Será que Dios como un Padre bueno quiere llevarnos a una libertad y madurez?

____

____

____

____

____

Muchos argumentan que el dar ofrendas era una costumbre del Antiguo Testamento y que Cristo nos liberó de ello, este argumento está muy alejado de la verdad, el dar es un principio del Reino, neo testamentario y pos testamentario. El dar lo encontramos a todo lo largo de la Biblia, veamos este pasaje en el Nuevo Testamento.

____
____
____
____
____
____
____
____

En cuanto a la colecta para los creyentes, sigan las instrucciones que di a las iglesias de Galacia. El primer día de la semana, cada uno de ustedes aparte y guarde algún dinero conforme a sus ingresos, para que no se tengan que hacer colectas cuando yo vaya. Luego, cuando llegue, daré cartas de presentación a los que ustedes hayan aprobado y los enviaré a Jerusalén con los donativos que hayan recogido. Si conviene que yo también vaya, iremos juntos. 1 Corintios 16:1-4 (NVI)

El dar es parte de nuestra vida cristiana, no se acabará, siempre nos enriquecerá. Y dentro del dar, el dar a Dios es de lo más hermoso.

Lee en 1 Crónicas 29:3-9 y observa la pasión del Rey David para dar a Dios.

- ¿Cuál era el afecto de David? _______________________

- ¿De dónde tomó David para dar a la casa de Dios?
( ) De su tesoro personal   ( ) Del Gobierno   ( ) De un Impuesto especial

- ¿Cómo fue que David animó al Pueblo a dar voluntariamente y alegremente?

____
____
____

David tenía un corazón conforme al de Dios, un corazón dador. Cuando leemos este pasaje somos retados a dar. Quizá puedes pensar que si das se te acabará, pero mira el siguiente pasaje que habla de David al final de sus días, después de muchas batallas, de mucho dar y de mucho alabar a Dios.

David murió lleno de días, de riquezas y de gloria.... 1 Crónicas 29:28 (RV)

"¿Puede quedar vacío tu corazón por amar?- así tampoco tu bolsillo por dar."
Wayne Mayers

En el Antiguo Testamento podemos ver cómo el Pueblo de Israel no sólo se limitaba a dar el 10% de su ingreso a Dios, sino que también era invitado a dar ofrendas voluntarias de gracia, como el pasaje que acabamos de leer en el libro de Crónicas, estas ofrendas voluntarias incluían los primeros frutos, ofrendas específicas para construcción y promesas de apoyo a ciertos proyectos o personas.

Primeros Frutos: Las primicias

Honra al SEÑOR con tus riquezas y con los primeros frutos de tus cosechas. Así tus graneros se llenarán a reventar y tus bodegas rebosarán de vino nuevo.
Proverbios 3:9 (NVI)

Un Israelita que amaba a Dios, además de su diezmo daría los primeros frutos de su cosecha a Dios, buscaría en su campo, hortaliza o viñedo por los primeros y mejores frutos, los tomaría y los llevaría a Dios, antes que realizara la cosecha en todo su campo, confiando que Dios multiplicaría ésta. Era un dar voluntario de fe, era un decir con obras: "Dios me ha bendecido y me ha dado una cosecha, se lo devolveré en un acto de agradecimiento".

Lleva tus mejores primicias
a la casa del SEÑOR tu Dios.
Éxodo 34:26 (NVI)

Esta práctica de agradecimiento es muy interesante, que en ocasiones se ha perdido, de hecho en lugar de dar los primeros frutos damos los últimos frutos, es decir si sobra es que le damos a Dios, ¿Será esto agradecimiento? Yo no quiero darle a Dios las sobras, sino lo primero, lo mejor.

En la práctica, si no me dedico a la agricultura ¿Cómo puedo dar los primeros frutos?:

- Algo que puedes hacer es que el primer cheque que hagas de la quincena para pagos (o en los tiempos actuales, la primera transferencia) sea para pagar tus diezmos. Es una manera de decir: "Gracias Dios por esta provisión y quiero que sepas que tú eres primero en mi vida."
- Cuando alguien tiene un nuevo trabajo puede traer a Dios sus primeros frutos de ese trabajo.
- Cuando alguien está comenzando una nueva etapa en su trabajo o negocio puede traer esos primeros frutos, puede ser un aumento de sueldo, o la primera venta en una nueva sucursal o un nuevo producto vendido, etc.

Ofrendas y Promesas:

El Pueblo de Israel daba -además de su 10% y de los Primeros frutos- ofrendas voluntarias. En ocasiones especiales y para proyectos especiales, como la construcción del tabernáculo de Moisés o del templo en época de David, etc. El pueblo se alegraba de poder dar generosamente, no era algo obligatorio sino voluntario, pero lo interesante es leer que el pueblo daba **alegremente**.

La idea de toda esta oportunidad de dar que Dios pone delante de nosotros es que provenga del corazón, ofrecido a Dios con gran gozo.

Cuando podemos dar voluntariamente estamos proclamando que estamos agradecidos con Dios por su consejo, bendición y protección, que nos ha prosperado de tal forma que tenemos no sólo para dar nuestro diezmo y suplir para las necesidades del hogar, sino que también podemos dar para bendecir a otros en necesidad y para esos proyectos especiales en la casa de Dios.

Existen un sin número de oportunidades para ofrendar voluntariamente, (obra misionera, necesidades sociales, fondo de apoyo a discapacitados, etc.) necesitamos ser guiados por el Espíritu Santo hacia cuáles atender, de qué forma si es una ofrenda única o una promesa periódica, y con qué cantidad. **Hay que extendernos a dar alegremente pero siempre después de haber cubierto las otras áreas prioritarias de nuestra Administración.**

Cuando hagamos una promesa delante de Dios, es necesario calcular lo que estamos prometiendo y cumplir, es mejor no prometer que prometer y no cumplir.

*Más vale no hacer votos
que hacerlo y no cumplir.*
Eclesiastés 5:5 (RV)

A Dios nunca le ganaremos en dar.

Hemos experimentado el amor de Dios en el hecho de que Dios - **DIO**, nos sabemos amados por Jesús al saber que Se **DIO** por nosotros, El Espíritu Santo fue **DADO** por Cristo a su Iglesia, una y otra vez encontramos que en el carácter de Dios siempre esta el **DAR**. Amy Carmichael, una gran misionera en la India dijo: "Podemos dar sin amar, pero no podemos amar sin **DAR**".

Es interesante que a Jesús -el Amor del Padre dado a la humanidad- se le llama el ***Primer fruto*** que fue dado a nuestro favor:

Lo cierto es que Cristo ha sido levantado de entre los muertos, como ***primicias*** *de los que murieron. De hecho, ya que la muerte vino por medio de un hombre, también por medio de un hombre viene la resurrección de los muertos.* 1 Corintios 15:20-21 (NVI)

El **dar** es un principio central del Reino, como discípulos de Jesús debemos de aprender a dar, ejercitarnos en el dar y crecer en el dar.

Para Reflexionar

Lee el Capítulo 5 del libro de Eclesiastés y responde:
- ¿Qué es lo que el autor de Eclesiastés nos recomienda en cuanto a la seriedad con que hablamos y prometemos a Dios? ___________________________________
____

- ¿Cuál es el problema con el que ama el dinero?

( ) No se sacia   ( ) Será difícil que dé   ( ) Puede perder el sueño
( ) Puede llegar a ser el más rico en el cementerio

Wayne Myers menciona que "No se puede experimentar el Gozo si no damos."
- ¿Marca las áreas de tu vida en donde sospechas que hay falta de gozo y que dando más de ti podrías transformarlas: (recuerda, el perdón también se da).

( ) Matrimonio ( ) Relación con Hijos   ( ) Relación con Padres
( ) Trabajo   ( ) Amigos   ( ) Finanzas

- ¿Si tuvieras recursos ilimitados donde te gustaría ofrendar voluntariamente?

____

Te pido Dios que me des discernimiento para gobernar mi casa, para distinguir entre el bien y el mal. 1 Reyes 3:9 (Parafraseado)

Ejercicio de Administración financiera

Introducción. El tener finanzas sanas no debería de ser muy complicado siguiendo algunos principios básicos de administración, el siguiente ejercicio pretende hacer un diagnóstico sencillo y sugerirte algunos hábitos para mejorar tu administración en casa.

Primera sección
Definiendo qué tengo y a dónde se va.

 # 1. Ingresos Mensuales Totales: Identifica y enlista todos tus ingresos Mensuales, sea por sueldos, prestaciones, rentas, etc. (Si tus entradas son variables consulta la Nota # 1).

Coloca aquí tu Total

$ _______

__________________ __________________ __________________

__________________ __________________ __________________

__________________ __________________ __________________

__________________ __________________ __________________

__________________ __________________ __________________

 # 2. Diezmo: Calcula el 10% de tus Ingresos mensuales totales, esto es el Diezmo.

$ _______

 # 3. Gastos Mensuales: Identifica y enlista todos los gastos que realizas de forma Mensual, incluye escuelas, alimentos, diversiones, etc. Una buena manera de definirlos es ir anotando diario durante un mes en una libreta cada gasto (su cantidad y rubro) y al final del mes recopilarlos. (No incluyas gastos que sean cubiertos con prestaciones, solamente los que pagas en efectivo.)

$ _______

Usa tu lista ABC Financiero

 # 4. Gastos Mensuales fijos y variables: De tu lista de gastos del Mes, sepáralos en dos rubros:

a. Gastos fijos: que son aquellos que siempre son la misma cantidad, por ejemplo, renta de casa, escuela, crédito del auto, etc.
b. Gastos variables: que son aquellos que nunca son iguales, como la luz, gasolina, alimentos, diversión, etc. (Una de las prácticas más importantes de la administración es transformar lo variable en fijo, ver la nota #2).

 # 5. Gastos periódicos: Identifica y enlista todo los gastos periódicos que tienes durante el año, sean programados o no programados, haz memoria de años pasados, algunos ejemplos son el servicio del coche, las inscripciones de tus hijos, pago de seguros, predial, el viaje familiar anual, regalos de cumpleaños, etc. Aquí puedes incluir también los imprevistos estimando lo que comúnmente puede ocurrir, ejemplo; quizá se te poncha la llanta unas dos veces por año, o el boiler se descompone una vez por año, o la lavadora cada dos años, etc.

 # 6. Ahorro mensual para gastos periódicos: Del listado de Gastos periódicos (#5) divide el total por rubro entre doce meses, y obtendrás el ahorro mensual que tienes que separar para estos gastos no mensuales. La idea es que mensualmente tienes que separar esta cantidad en ahorro para poder hacer frente a este gasto cuando se presente. Ejemplo: si las inscripciones son de 12 mil pesos, tengo que separar (ahorrar) mensualmente mil pesos para poder pagarlos cuando llegue ese bendito mes del año.

- - - - - Notas - - - - -

Nota # 1.

Ingresos variables: Uno de los mayores retos al final del ejercicio financiero, para una correcta administración es cuando tenemos ingresos variables, unos meses recibimos mucho y otros poco o nada, esto es común con negocios propios o personas que viven de los servicios que prestan.

- ¿Qué es lo que tenemos que hacer?: Asignarnos un sueldo fijo mensual, para de esta forma poder administrarnos correctamente.

- ¿Cómo hacerlo? Primero obtén el gasto que tu negocio tiene en promedio mensualmente, después saca el promedio mensual de ingresos que el negocio ha tenido el último año, y a este promedio mensual de ingreso réstale el gasto mensual promedio del negocio y ese debería de ser el tope máximo de tu sueldo fijo mensual. En meses buenos debes de resistir la tentación de cobrarte más de lo fijado, porque esto te servirá para poder cobrar en los meses bajos. Maneja cuentas separadas de tu negocio y tus cuentas familiares. Al final del año evalúa la situación financiera de tu negocio, si necesitas ajustar el sueldo hacia abajo, hazlo, si tienes sobrantes puedes tomarlos a final del año como una especie de aguinaldo.

Nota # 2.

Transformando lo variable en fijo: Lo que es variable no se puede controlar, medir y mucho menos administrar, por lo que una práctica muy útil en la administración es transformar los gastos variables en gastos fijos. Para esto lo que tenemos que hacer es fijar topes o límites, de esta forma sabremos que pase lo que pase ese rubro nunca sobrepasará lo fijado y de esta forma podemos hacer cálculos administrativos, en caso de quedar por debajo de lo pactado, será un buen ahorro.

Ejemplo: Las salidas a comer fuera de casa pueden llegar a ser un gasto fuerte, no controlado, que desbalancea el presupuesto familiar. Estos gastos pueden variar mucho en el mes. Para hacerlos fijos es pactar familiarmente la cantidad que se podrá gastar quincenal o mensualmente en este rubro. Una vez pactado, en cuanto se llega al límite tiene que parar este gasto, de lo contrario estaremos tomando el dinero que ya hemos asignado a otro rubro, y el desorden comienza.

EL ABC FINANCIERO

CL	CONCEPTO
A	Automóvil (combustible y reparaciones, tenencia) o Transportación
B	Básicos (como focos, pasta dental, jabón, servilletas, lavatrastes, etc.)
C	Comida
D	Diezmo
E	Esparcimiento (Vacaciones, diversión, cine, paseos, comidas fuera de casa, etc.)
F	Financiamiento (pago de deudas)
G	Gas
H	Hogar (Apoyo doméstico, jardinería, mantenimiento o mejoras del hogar, etc.)
I	Imprevistos
J	Jubilación
K	Colegio (Colegiatura, útiles, uniformes, clases extras, etc.)
L	Luz (CFE)
M	Médico / medicinas / Mejorar salud (terapias, etc.)
N	No identificados
O	Ofrendas (Misiones, etc.)
P	Presentes (obsequios)
Q	Cuotas (fraccionamiento, club, gimnasio)
R	Ropa (zapatos, accesorios)
S	Seguros (vida, auto, médico)
T	Telefonía
U	Utilitarios (Internet, cable -TV-)
V	Vivienda (renta / hipoteca)
W	"Water" (pago de Agua - CRAS)
X	"taXes" (impuestos al SAT, predial)
Y	"You" (cuidado personal: corte de cabello, manicure, terapia física, etc.)
Z	"Zoo" (mascotas)

EJEMPLO DE LLENADO DE HOJA DE TRABAJO DE GASTOS

CLAVE	FECHA	CONCEPTO	FIJO	VARIABLE	PERIÓDICO
A	1/09	Gasolina		10	
C	3/09	Super		7	
V	3/09	Renta	45		30
S	10/09	Seguro Médico (360/12)			
T	15/09	Celular		15	
		SUMATORIA	45	32	30
			TOTAL MENSUAL DE GASTOS: $107.00		

HOJA DE TRABAJO DE GASTOS

CLAVE	FECHA	CONCEPTO	FIJO	VARIABLE	PERIÓDICO

Segunda sección
Haciendo las matemáticas

1. Lo que administro: De tus ingresos Mensuales (#1) resta el Diezmo, y lo que queda es tu 90 % para administrar.

# 1	-	10%	=	90%
$		$		$

2. Mi Balance: Suma todos tus gastos mensuales, (#4) (los fijos y los variables que ya haz transformado a fijos), suma el ahorro que separarás para hacer frente a los gastos periódicos, (# 6). La cantidad resultante réstala de tu 90 % (Ingresos Mensuales menos Diezmo), el resultado es tu balance financiero.

90%	-	(#4	+	#6)	=	Balance
$		$				$

a. Si el resultado es negativo, tienes más gastos que ingresos, y necesitas de forma urgente atender este problema, sólo hay dos formas de atenderlo, o ganar más, o gastar menos. Resiste la tentación de recurrir a préstamos y tarjetas de créditos para "solucionar" este problema.

b. Si el resultado es igual o positivo estás en una buena situación, continua vigilando de cerca tus gastos.

Tercera sección
Principios de buena administración

Los siguientes son principios de buena administración que te permitirán tener finanzas sólidas:

A) No falles en tus diezmos, es el primer punto de una administración sana según el Reino, que lo primero que apartes sea para Dios.

B) Ahorra: El tener ahorros es algo necesario para poder hacer frente a los imprevistos en la vida sin tener que recurrir a préstamos ni des-balancear el gasto mensual presupuestado.

    a. ¿Cuánto necesito tener ahorrado? Una buen regla es tener mínimo la cantidad que sumen dos meses de tu salario, con esto podrás hacer frente a la mayoría de los imprevistos sin desbalancear la economía familiar.

    b. De mi ingreso mensual, ¿qué porcentaje debo de estar ahorrando? Una regla segura es el 5% de tu ingreso total.

    C) Etiqueta tus Ingresos Mensuales en Efectivo: desde el momento que los recibas, es decir, designa para qué serán usados. Esto te permitirá administrarlos correctamente, y no asignarlos para algo que no está presupuestado, el traer el dinero en la bolsa es una garantía del desorden. Una práctica que he recomendado mientras se adquiere la habilidad de administrar es repartir el sueldo quincenal en el momento en que lo recibes en sobres, cada sobre llevará el nombre del gasto que se ha presupuestado, repartiendo así todo el ingreso en los diferentes rubros. Hasta el rubro de diversión tiene que tener su sobre, así, cuando se acaba el dinero del sobre de diversión, no podemos gastar más en la diversión y tendremos que ser más creativos en divertirnos sin gastar.

    D) Tarjetas de crédito: Si no tienes la habilidad de manejarlas, te recomiendo que no las uses, si has aprendido a usarlas, pagándolas a tiempo, úsalas con discreción e inteligentemente, existen muchos casos de descuidos de buenos administradores que los llevaron a desbalancear el presupuesto familiar. Ten cuidado de no tener demasiadas tarjetas de crédito, tratarán de venderte todas las que hay en el mercado, pero en realidad no las necesitas. Que tu costumbre sea el pago de contado, vive con lo que tienes y enseña esto a tus hijos.

    E) Pagando deudas: Una buena práctica de administración es estar libre de deudas, y en caso de tenerlas tienes que comenzar a pagarlas hoy.

Define cuánto debes, y de acuerdo a tu presupuesto paga algo cada mes, que estés avanzando continuamente en disminuir esa deuda. Si la deuda está con intereses tienes que pagar éstos más un poco del capital para ir avanzando en tu pago. Aún las deudas más grandes, se pueden pagar si comienzas ya, ininterrumpidamente, a dar algo. Recuerda que no podrás ahorrar hasta que no liquides todas tus deudas. Comienza con las deudas mas pequeñas moviéndote hacia las grandes. Tienes que tener un enojo que te provoque a liquidar lo más pronto posible este mal paso de tu administración.

F) Pedir Prestado: El pedir prestado es algo delicado, si necesitas hacerlo significa que no está dentro de tus posibilidades o dentro de tu tiempo el poder adquirir aquello por lo que te estás endeudando, o que has tenido mala administración. En cuanto a préstamos sólo recomendaría hacerlo para la adquisición de una vivienda, en donde el bien está garantizando en sí el préstamo, y éste bien no se devalúa. Vigila que el préstamo tenga tasas fijas de interés.

Los deudores son exclavos de sus acreedores. Prov. 22:7 (NVI)

G) Seguros: Hoy en día la única forma de poder hacer frente a algunos gastos es a través de seguros. Todos debemos de tener algún tipo de seguro médico. Si tu trabajo no lo provee necesitas adquirirlo, no es posible tener un vehículo si éste no cuenta con seguro, es algo irresponsable porque estás poniendo en riesgo tu economía y la de tus amigos y familiares.

H) Retiro / Jubilación: El retiro es algo que seguro llegará, un buen momento para comenzar a planearlo es hoy. Alguien dijo que si apartas una cantidad mensual desde los 23 años -que es la edad promedio en que se comienza a trabajar- y la inviertes adecuadamente, para cuando tengas 65 años, serás un jubilado millonario.

Mejores prácticas en finanzas domésticas

1. Principios de finanzas domésticas
- a. Use un plan escrito
- b. Provea primero para la obra del Señor
- c. Destáquese en su trabajo y tareas
- d. Limite el crédito
- e. Piense antes de comprar
  - I. ¿Es necesario?
  - II. ¿Refleja su ética cristiana?
  - III. ¿Es la mejor compra?
  - IV. ¿Es un impulso?
  - V. ¿Añade o quita a la familia?
  - vi. ¿Es un artículo que se deprecia mucho?
  - VII. ¿Requiere mantenimiento costoso?
  - VIII. ¿Requiere la compra de un seguro?
- f. Practique regularmente el ahorro de dinero
- g. Fije sus propias metas con su familia
- h. Líbrese de deudas
- i. Limite su participación en sociedades
- j. Evite la autocomplacencia
- k. Busque buen consejo cristiano
- l. Aférrese a sus planes

2. Propósito de un Presupuesto
- a. Definir ingresos versus gastos
- b. Destacar áreas de problemas
- c. Tener un plan escrito
- d. Facilitar el control
- e. Programar la entrada y salida de dinero en el hogar

3. Qué hace un presupuesto
- a. Le ayuda a visualizar sus metas
- b. Provee un punto de referencia escrito para marido y mujer
- c. Contribuye a la comunicación familiar
- d. Proporciona un recordatorio escrito
- e. Refleja sus hábitos

4. Lo que no hace un presupuesto
    a. Resolver los problemas inmediatos
    b. Lograr que usted lo siga
    c. Tomar el lugar de la acción

5. Procedimientos
    a. Cómo calcular los gastos reales
        I. Use un diario o libreta para anotar los gastos de cada día del mes
        II. Lleve un libro maestro para las operaciones de la cuenta corriente
        III. Lleve un libro de cuentas que muestre la fecha de vencimiento de cada deuda
    b. Cómo elaborar un presupuesto familiar
        I. Defina los gastos reales (presupuesto presente)
        II. Defina los gastos planeados (presupuesto futuro)
        III. Calcule el ingreso
        IV. Calcule los gastos fijos
        V. Calcule los gatos variables
    c. Como seguir un presupuesto
        I. Délo a conocer
        II. Fije una meta alcanzable
        III. Manténgalo al día
        IV. Establezca una hora y día para revisarlo

6. Guía de porcentajes en el presupuesto familiar
    a. Diezmos 10%
    b. Vivienda 38%
        I. Hipoteca, seguros, impuesto, electricidad, gas, agua, teléfono mantenimiento.
    c. Alimentos 12%
    d. Automóviles / Transportación 5%
        I. Pagos, combustible, seguro, matricula, mantenimiento
    e. Seguros 5%
        I. Vida, médico, automóviles
    f. Deudas 2.5%
    g. Recreo y esparcimiento 5%
    h. Vestuario 2.5%
    I. Ahorro 5%
    j. Gastos médicos 5%
    k. Escuelas 10%

Compras Mayores. Burkett, Larry. Editorial Unilit. 1995. ISBN 0-78990018-1

Ricardo Rápido y Pedro Paciente

A continuación una ilustración de dos amigos en su aventura económica que te servirá mucho para tomar decisiones económicas:

Dos amigos, Ricardo el Rápido y Pedro el Paciente, se quieren comprar ambos una casa con un costo de $100,000. Cada uno tiene $10,000 para dar de depósito y además pueden pagar $700 por mes en su hipoteca.

1.   Una compra inteligente:

- Ricardo Rápido, por ser rápido e impaciente, se compra la casa más grande que puede con el dinero que tiene: La paga es $101,037.55

Aquí está su situación económica:

Casa de	$101.037.55
Anticipo	$10,000.00
Deuda	$91,037.55
Plazo	30 años
Interés	8.5% anual
Pago mensual	$700

- Pedro Paciente a pesar de poder hacer lo mismo que hizo Ricardo Rápido, decide que va a comprar primero una casita más pequeña.

La paga es $66,458.12

Casa de	$66,458.12
Anticipo	$10,000.00
Deuda	$56,458.12
Plazo	30 años
Interés	8.5% anual

Ahora bien, a pesar de que la deuda es menor y que los pagos mensuales pueden ser menores, Pedro Paciente piensa: "Yo puedo pagar $700 mensuales, así que voy a pagar más para adelantar lo antes posible el pago de mi deuda".

¿Cómo llego a fin de mes? Panasiuk, Andrés. Editorial Betania. 2000. ISBN 088113-564

Entonces el pago mensual del Paciente es más alto del que debería de ser:

Pago mensual $700

Este es el cuadro comparativo de la situación económica de los dos amigos:

Nombre	Deuda	Pago	Interés	A la deuda	Activo
Rápido	$91,037.55	$700	$644.85	$55.15	$10,055.15
Paciente	$56,458.12	$700	$399.91	$300.09	$10,300.09

Notemos que el pago extra que está haciendo Paciente permite colocar más dinero para pagar su deuda, y por lo tanto está aumentando su plus valía (el valor del dinero que tiene en su propiedad).

2.   Un pago anticipado

A los diez años Pedro Paciente termina de pagar su casa. Esta es la situación económica de Rápido y Paciente al final de esos ciento veinte meses:

Mes	Nombre	Deuda	Pago	Interés	A la deuda	Activo
120	Rápido	$80,789.33	$700	$572.26	$127.74	$20,375.96
120	Paciente	$695.06	$700	$492.00	$695.06	$66,458.12

Note que Ricardo Rápido, después de diez años pagando $700 por mes, todavía debe ¡$80,000.00! Esa es la trampa económica del sistema de pagos de préstamos para compras mayores (como automóviles y casas). No es ilegal, simplemente es muy desventajoso para el consumidor, aunque puede parecer ventajoso porque Rápido ya tiene 10 años viviendo en la casa de sus sueños.

Note que a pesar de que en la mensualidad de Rápido hay una mayor cantidad de dinero que va hacia el pago de su deuda, aun después de diez años la cantidad de ese pago que ha sido asignada a pagar intereses es todavía de un tamaño respetable. ¿El resultado? Que Ricardo Rápido ha estado pagando primordialmente un "Alquiler" por el dinero que pidió prestado para comprar su casa y después de haber hecho pagos por $ 84,000. ¡todavía debe $80.000 de los $100.000 que pidió prestados en un comienzo!

3.   Una decisión inteligente

Ahora que Pedro Paciente pagó totalmente su casa, decide venderla y comprarse la casa de sus sueños exactamente al lado de la de Ricardo Rápido. Le cuesta lo mismo que le costó a los Rápido diez años atrás: $101,037.55

Paciente coloca todo el dinero obtenido por la venta de la primera casa (66.458.12) como anticipo y toma el resto en una hipoteca a pagar a treinta años. Observemos ahora como está la posición financiera de los Rápido y los Paciente.

Mes	Nombre	Deuda	Pago	Interés	A la deuda	Activo
121	Rápido	$80,789.33	$700	$571.35	$571.35	$20,504.61
121	Paciente	$34,579.43	$700	$244.94	$455.06	$66,913.18

Debemos de notar que a pesar de que Pedro podría pagar una mensualidad menor, continúa haciendo el pago mensual de $700 lo que acelera aun más la prontitud con la que está pagando su deuda hipotecaria.

4.   Una Meta lograda

Cinco años después Pedro Paciente termina de pagar la deuda de su segunda casa. Aquí está el cuadro comparativo de la situación económica de Ricardo Rápido y Pedro Paciente después de ciento ochenta mensualidades pagadas en quince años:

Mes	Nombre	Deuda	Pago	Interés	A la deuda	Activo
182	Rápido	$70888.30	$700	$502.13	$197.87	$30,347.12
182	Paciente	$8.46	$8.52	$0.06	$8.46	$101,137.55

5.   Una inversión Sabia

Una Vez que Pedro Paciente termina de pagar la casa de sus sueños, decide que en vez de mudarse a una casa más grande o gastar el dinero que ahora le queda disponible, lo va a invertir conservadoramente a 8 % de interés anual, entonces Pedro Paciente abre una cuenta de inversiones en la que deposita $700 todos los meses con un rendimiento de 8% por año.

6. **Un Resultado Asombroso:**

La pregunta ahora es ¿Qué ocurre con Ricardo Rápido y Pedro Paciente después de treinta años? (Recuerde que su hipoteca original era a treinta años de plazo). Pues bien, a los treinta años de pagar sus mensualidades hipotecarias religiosamente, Ricardo Rápido finalmente termina de pagar su casa, hace una fiesta, invita a sus amigos y celebra que por fin es un hombre libre del yugo hipotecario y la casa es realmente suya. Tiene un capital acumulado de $101,037.55 (el valor de su propiedad).

Por otro lado con menos bombos y platillos la inversión de Pedro Paciente en el banco alcanza la increíble suma de $239,227.24 ¡En dinero en efectivo! Además, por supuesto, Paciente tiene el capital de su casa, ¡lo que le lleva a tener un activo acumulado de más de $340,000.00!

¿Cómo es posible? Pues la razón principal por el éxito económico de Pedro Paciente tiene que ver con la forma en que planeó el pago de sus intereses hipotecarios. Por eso en esta historia se decidió dejar de lado ciertos factores importantes como las fluctuaciones de los precios de las casas y la inflación del país que aunque son importantes no son relevantes para el ejemplo.

La enseñanza principal de esta historia tiene que ver con la cantidad de intereses que pagaron cada uno de los protagonistas.

Ricardo Rápido, con el carácter típico impaciente, quiso tenerlo todo lo más pronto posible. Pero eso tiene un precio: para él , fue de $117,257.92 en intereses hipotecarios.

Pedro Paciente , por su lado, supo esperar y sufrir por diez años en una casa más pequeña y en un barrio con menos rango social que el de Rápido, pero ese planeamiento económico a largo plazo trajo sus beneficios. Paciente solamente pagó $35,670.95 en intereses (casi un tercio de lo que pagó Rápido). Aun más, su dominio propio y su carácter maduro le ayudaron a invertir el dinero que muchos de nosotros gastaríamos en nuevos "proyectos familiares".

El principio que se debe de seguir entonces en la nueva economía de mercado es que cuando hablamos del pago de intereses, el juego se llama "El que paga intereses pierde".

La acumulación de un capital de $340,000.00 le tomó a Pedro Paciente treinta años de su vida. Eso quiere decir que si comenzó a los treinta años de edad ahora está a punto de jubilarse. No le queda el mismo tiempo de vida que le quedaba cuando comenzó sus planes financieros a largo plazo y realmente disfrutó solamente diez años menos de la casa de sus sueños.

Pero Pedro Paciente no está pensando solamente en sí mismo, él está acumulando capital para la siguiente generación, para sus hijos y sus nietos. Ha sacrificado parte de su satisfacción personal por el bienestar de las generaciones futuras.

Este tipo de actitud está desapareciendo de nuestra cultura a medida que los medios de comunicación nos condicionan a disfrutar del aquí y ahora, sacrificando en el proceso el futuro personal y familiar.

** Tomado del libro ¿Cómo llego a fin de mes? De Andrés Panasiuk*

TERCERA PARTE

Administración del Tiempo

Todo tiene su tiempo, y todo lo que se
quiere debajo del cielo tiene su hora.
Eclesiastés 3:1 (RV)

"El Tiempo es un regalo de Dios digno de ser invertido cuidadosamente"

Introducción. En este capítulo hablaremos del Tiempo. Quizá los más jóvenes no le vean mucho sentido a tocar ese tema, pero estoy seguro que los más maduros verán una gran relevancia en abordarlo, para los jóvenes el tiempo parece nunca terminarse pero para los más viejos, parece que no alcanzará.

Para hablar del tiempo es importante reconocer que es un **recurso finito**, es decir, tenemos una dotación de él, que es limitada, cada día tiene sólo 24 horas, cada semana 7 días y cada año 365 días. No se puede detener, no se puede regresar, no se puede multiplicar, lo único que podemos hacer es: **Administrarlo bien**.

Para poder analizar si estamos administrando bien el tiempo es sencillo si respondemos a las siguientes preguntas:

- ¿Tengo tiempo para hacer lo que debo de hacer? ¿O normalmente me hace falta?
  - ( ) Tengo tiempo   ( ) Me falta tiempo

- ¿Me sucede que no hago con excelencia las cosas por falta de tiempo?
  - ( ) Frecuentemente   ( ) Ocasionalmente   ( ) Siempre

- ¿Tengo exceso de tiempo en mis manos y no sé qué hacer con él?
  - ( ) Me identifico   ( ) es lo más alejado a mi situación

Al administrar correctamente el tiempo lo podremos hacer rendir al máximo y utilizarlo para lo que nos fue dado. Al ser el tiempo un recurso limitado necesitamos **invertirlo sabiamente** para que nos produzca el fruto esperado, algunas de las cosas a tener en cuenta para poder administrarlo correctamente son:

- Darnos cuenta que <u>todo</u> toma tiempo.
- Darnos cuenta que el recurso del tiempo se lo tenemos que dedicar a lo más valioso.
- Darnos cuenta que el tiempo no pasa de la misma manera para un niño, un joven, un adulto o un viejo.
- Darnos cuenta que existen bandidos del tiempo que lo quieren robar.

Principio 1. Presupuestando el tiempo

"El tiempo perdido ya nunca se encuentra". Benjamín Franklin

Hay varias cosas que nos pueden ayudar en el momento de administrar nuestro tiempo:

A) <u>Distinguiendo entre lo discrecional y lo necesario.</u> Para hacer un presupuesto de nuestro tiempo, debemos distinguir entre lo **necesario**, esto es, lo que uno *tiene* que hacer, y lo **discrecional,** que es lo que nos *gustaría* hacer. Por ejemplo, necesitamos dormir, no tenemos opción, el que no dedica tiempo al descanso está invirtiendo mal y su vida se lo demandará, sin embargo, si dormimos de más que es algo *discrecional* quizá estamos tomando tiempo necesario de alguna otra obligación. El hacer un presupuesto de tiempo es planear y controlar anticipadamente el tiempo que dedico a lo necesario y a lo discrecional. Recuerda, para poder dedicarle tiempo a algo se lo necesito *quitar* a otra cosa, en muchas ocasiones dedicamos tiempo a lo discrecional y se lo estamos robando a lo necesario.

Testimonio

Tomé la decisión de hacer una maestría, es algo que aunque muy útil para mi vida y ministerio es algo discrecional, una decisión que tomé al ver que sería algo que mejoraría mucho mi labor. Sin embargo, requiere de tiempo, y si no me cuido, puedo tomarlo de cosas necesarias, por ejemplo, del pasar tiempo con mi familia, lo cual no es algo de elección o deseo es algo **necesario** si quiero tener una familia atendida que se sienta amada y segura, que es mi primer ministerio. ¿Lo ves? Algo que no es prioritario pero bueno puede "robar" el tiempo de algo que es prioritario, necesario y más que bueno.

Un engaño común es pensar que "nos dará tiempo de hacer todo". La realidad es que el tiempo es **limitado**, y pasa más rápido de lo que pensamos, por lo que debemos de tener la meta de que nos de tiempo de hacer primero lo importante es decir lo necesario y después podremos hacer lo discrecional.

Es fácil poder decidir a dónde dedicar tiempo cuando contemplamos algo bueno en contra de algo obviamente malo, por ejemplo: ¿acompañaré a mi hijo a su partido de soccer o me iré con mis amigos a emborracharme? Pero el verdadero reto está entre decidir entre dos cosas buenas, aquí necesitamos escoger lo mejor de lo bueno. Ejemplo: el trabajo es bueno, pero la familia es algo mejor que lo bueno.

Mirad, pues, con diligencia cómo andéis, no como necios sino como sabios, aprovechando bien el tiempo, porque los días son malos. Por tanto, no seáis insensatos, sino entendidos de cuál sea la voluntad del Señor.
Efesios 5:15-16 (RV)

Me es necesario hacer las obras del que me envió, entre tanto que el día dura; la noche viene, cuando nadie puede trabajar. Juan 9:4 (RV)

B*)* Asignar todo tiempo. Al hacer el Presupuesto de tu tiempo **no dejes tiempo sin asignar**, porque puede que se desperdicie o fluya hacia áreas no muy productivas, como el ver la televisión. O puede caer bajo la influencia de las personas dominantes de tu mundo, (algún pariente, tu jefe, tus amigos, etc.), y no tiene nada de malo estar con los amigos, o trabajar pero todo en su tiempo. También el tiempo sin asignar puede fluir hacia emergencias propias o de los demás que no son más importantes que tus prioridades.

C) Aprende a decir NO. Esta es una de las mejores herramientas para un presupuesto de Tiempo, un "NO" cortés pero firme nos enfocará en dedicar nuestro tiempo en lo importante.

Al hacer el presupuesto hazte estas preguntas:

* De todo lo que tengo que hacer ¿Qué es más importante para Dios?

* De todo lo que tengo que hacer ¿Qué es más importante para mi?

* De todo lo que tengo que hacer ¿Qué me redituará más para balancear mis prioridades?

Andad sabiamente para con los de afuera, redimiendo el tiempo. Sea vuestra palabra siempre con gracia, sazonada con sal, para que sepáis cómo debéis responder a cada uno.
Colosenses 4:5-6 (RV)

Principio 2. Erradica la pereza de tu vida

La pereza o flojera es "la parálisis de la glándula de la iniciativa".

La Biblia habla extensamente de la pereza como algo que estorba y mata la iniciativa y el éxito, y llevará al poseedor a la pobreza.

Ve a la hormiga, oh perezoso, Mira sus caminos, y sé sabio; La cual no teniendo capitán, Ni gobernador, ni señor, Prepara en el verano su comida, Y recoge en el tiempo de la siega su mantenimiento. Perezoso, ¿hasta cuándo has de dormir? ¿Cuándo te levantarás de tu sueño? Un poco de sueño, un poco de dormitar, Y cruzar por un poco las manos para reposo; Así vendrá tu necesidad como caminante, Y tu pobreza como hombre armado. Proverbios 6:6-11 (RV)

Hay personas perezosas que desean la bendición de Dios pero no están dispuestas a **"pagar el precio"**, trabajar, sudar, buscar, levantarse temprano, etc. Debemos de recordar que Dios es un Padre bueno, que quiere lo mejor para sus hijos, y nunca nos dará algo que nos eche a perder.

"Dinero sin esfuerzo echa a perder".

Lee Proverbios 13:4, 21:25 y Eclesiastés 10:18
- ¿Qué es lo que le tenemos que añadir al deseo?

  __________________________ __________________________

- ¿Cuáles son algunos síntomas de una casa en donde vive un perezoso?

  ____

  ____

Estuvimos hablando del principio del Diezmo como camino a nuestra prosperidad, el segundo elemento indispensable es el **trabajar diligentemente**, ser honestos y responsables con lo que Dios nos ha dado. La promesa es que el que trabaja se saciará de pan.

El que labra su tierra se saciará de pan; Mas el que sigue a los ociosos se llenará de pobreza. Prov. 28:19 (RV)

Principio 3. Moviéndonos a lo Importante y planeado

Del siguiente cuadrante podemos graficar en dónde nos encontramos comúnmente en cuanto a nuestra administración del Tiempo:

	No importante	Importante
Urgente	*	
Planeado		*

Es frecuente que nos podemos encontrar haciendo cosas NO importantes de forma urgente, este es el peor lugar donde estar porque solamente estamos corriendo, y lo que hacemos no tiene importancia, ¿puedes identificarte en este cuadrante? Como decimos comúnmente nos la pasamos "Apagando Fuegos", en puros bomberazos, sin tiempo para planear y llegar a lo importante. El lugar donde tenemos que llegar es a estar haciendo " Lo Importante y Sin prisas".

Para llegar a este lugar primero tenemos que resolver lo **urgente**, dejar a un lado lo **no importante** y comenzar a planear **lo importante** por adelantado.

Realiza un simple ejercicio, escribe a continuación todo lo que hiciste en la última semana, y clasifica cada cosa para ver a qué cuadrante pertenece. Si la mayoría están en las **importantes planeadas**, ¡felicidades! eres un buen administrador, pero si la mayoría están en alguno de los otros tres cuadrantes, identifica acciones concretas que tienes que tomar para moverte al cuadrante adecuado.

Actividad	Urgente NO Importante	Urgente Importante	Planeado NO Importante	Planeado Importante

John Wesley, un famoso pastor, decía que siempre estaba ocupado, pero que nunca estaba corriendo, porque nunca tomaba una tarea que no pudiera hacer con una perfecta calma del espíritu.

______________________________   ______________________________
______________________________   ______________________________
______________________________   ______________________________
______________________________   ______________________________
______________________________   ______________________________
______________________________   ______________________________
______________________________   ______________________________
______________________________   ______________________________
______________________________   ______________________________
______________________________   ______________________________
______________________________   ______________________________
______________________________   ______________________________

Resumen

No te sucede que "la tuerca que más rechina se lleva todo el aceite".

Todo tiene su momento oportuno; hay un tiempo para todo lo que se hace bajo el cielo: un tiempo para nacer, y un tiempo para morir; un tiempo para plantar, y un tiempo para cosechar; un tiempo para matar, y un tiempo para sanar; un tiempo para destruir, y un tiempo para construir; un tiempo para llorar, y un tiempo para reír; un tiempo para estar de luto, y un tiempo para saltar de gusto; un tiempo para esparcir piedras, y un tiempo para recogerlas; un tiempo para abrazarse, y un tiempo para despedirse; un tiempo para intentar, y un tiempo para desistir; un tiempo para guardar, y un tiempo para desechar; un tiempo para rasgar, y un tiempo para coser; un tiempo para callar, y un tiempo para hablar; un tiempo para amar, y un tiempo para odiar; un tiempo para la guerra, y un tiempo para la paz. Eclesiastés 3:1-8 (NVI)

Algunas acciones útiles para el manejo de nuestro tiempo son:

1. Utiliza una agenda donde puedas hacer una lista de las actividades pendientes a realizar, cada día inicia poniendo atención a ellas y viendo cuáles puedes concluir, no las elimines de tu lista hasta tenerlas finalizadas, no añadas más a tu lista hasta que veas avance.

Mi Compromiso: ____

2. Utiliza un calendario mensual donde puedas programar tus citas, y actividades, en días que notes que están demasiado llenos tendrás que mover alguna actividad de día.

Mi Compromiso: ____

3. Delega si es posible actividades no importantes para que alguien más las realice en tu lugar, si es posible.

Mi Compromiso: ____

4. Aprende a decir NO y a poner plazos reales con la tarea requerida.

Mi Compromiso: ____

5. Somete tu agenda a tu esposa o esposo para que la persona más importante en tu vida pueda participar en tu planeación del tiempo (esta es una de las actividades que más te rescatará de meterte en problemas de mal uso de tu tiempo).

Mi Compromiso: ____

Las relaciones con otras personas son lo más valioso que poseemos, estas relaciones necesitan ser cuidadas y atendidas, y para esto se requiere de TIEMPO, por lo que el estar demasiado ocupado es el principal enemigo de los matrimonios, de la relación padres e hijos y de las amistades.

"El Tiempo es la sustancia de la vida". Antoniette Bosco

Alguien mencionaba que vivir de prisa no es del diablo, sino el diablo mismo, porque al atender lo urgente pero no importante descuidamos nuestra prioridad, que son nuestras relaciones (Matrimonio, hijos, amigos). Si preguntamos, todos diríamos que reconocemos que las relaciones son lo más importante, pero lo que es muy frecuente pensar es: que no son tan urgentes.

Una buena manera de dedicarle tiempo de calidad a nuestras relaciones es usando la siguiente ecuación:

Haz dos cosas con tu familia cada día,
Haz dos cosas con tu familia cada semana,
Haz dos cosas con tu familia cada mes,
Haz dos cosas con tu familia cada año.

Cada día, por ejemplo, haz algo que te haga reír; cada semana da un paseo; cada mes haz algo cultural; cada año viaja, etc.

Una estadística que nos puede mostrar la falta de tiempo de que sufren las relaciones es la siguiente tabla que nos muestra el porcentaje cuánto tiempo pasan los matrimonios juntos al día:

- Menos de una hora el 23 % de los matrimonios
- De una a dos horas el 28 %
- De tres a cuatro horas el 26 %
- Más de cuatro horas el 22%

Lo contrario de tener Tiempo **es estar demasiado ocupado**, algunos de los efectos que tendrá esto en tu vida relacional es que:

1. Corromperá la conversación siendo una superficial y sin impacto.

2. Si eres casado tu vida amorosa será menos que óptima, el tiempo es proporcional a la calidad y cantidad de las relaciones íntimas que tendrán.

3. La diversión estará mermada, una de las características de la diversión es que requiere tiempo, específico, apartado, para divertirse necesitamos estar sin prisas.

4. El alma requiere ser nutrida, y sin tiempo es normal que tu alma se encuentre erosionada por descuido.

A. Los Bandidos del Tiempo

Veamos algunos de los bandidos del Tiempo más comunes:

1. Asuntos del pasado sin resolver: Situaciones que continúan brotando en tus relaciones que roban tiempo valioso a la relación. O quizá situaciones de inquietud o remordimientos que nos impiden disfrutar el día.

2. La Tecnología: ¿Tú controlas la tecnología o la tecnología te controla a ti? Por ejemplo, los teléfonos celulares o los correos electrónicos que es algo maravilloso para la comunicación, pero si no los controlas te robarán hasta el último instante de tu tiempo.

3. La impaciencia: Si no aprendemos con paciencia a esperar el tiempo correcto para cada aspecto en nuestra vida, es común que caigamos en errores

Your Time-starved Marriage. Les and Leslie Parrott. Zondervan 2006. ISBN 13:978-0-310-24597-1

como extender de más nuestro presupuesto, o crédito o agendas para obtener en menor tiempo aquello deseado, lo que sucederá es que por invasiones descobijamos áreas de nuestra vida por tapar anticipadamente otras.

4. Activismo: Apretar una actividad más a nuestro calendario que ya está de por sí saturado, es algo común y peligroso.

B. Dónde obtener tiempo

¿Dónde podemos obtener tiempo de calidad para nuestras relaciones familiares?

I. Comidas: Son momentos ideales para la convivencia si se aproximan sin prisa, hoy en día la comida rápida ha arruinado momentos de convivencia e intimidad. Cuando estés comiendo con tu familia:

a. Procura hacer las preguntas correctas.
b. Evita hacer comentarios implacenteros o negativos.
c. Da gracias a Dios antes de comer, ayudará a sintonizar y a promover un ambiente propicio para la convivencia.
d. Concéntrate en las personas y en la conversación, es un momento más importante que una comida de negocios.

II. Finanzas: "El tiempo es dinero". Hazte esta pregunta: ¿Quisieras tener más tiempo o más dinero? De joven la respuesta tiende a ser "más dinero" pero de viejo la respuesta siempre será "más tiempo".
Observa la siguiente ecuación:

Trabajar más para gastar más = menos Tiempo.

"Mi tiempo es tan mío… como mi dinero, si no dejo que
cualquiera gaste mi dinero, no dejaré tampoco
que gasten mi tiempo". Fred Smith

"Pensamos más en el uso de nuestro dinero que es renovable que
en el uso de nuestro Tiempo que es irremplazable".
Stephan Rechtchaffen

III. Descanso: Es importante tomar tiempo para hacer nada más que descansar. Hay varias formas de descanso:

- Una es la **recreación** que es: "Tomar en serio el divertirte un poco".
- Otra es la **restauración**, que es hacer de tu descanso un retiro para el alma separando tiempos para Dios que es el que verdaderamente nos da descanso.

"No dejes para mañana la siesta que te puedes tomar hoy."

C. El Cronos y el Kairos

Todo tiene su tiempo, y todo lo que se quiere debajo del cielo tiene su hora.
Eclesiastés 3:1 (RV)

Para concluir este tema de la administración del tiempo hablemos de estos dos conceptos bíblicos, *El Cronos y El Kairos.*

Es interesante al leer la Biblia notar que muchas veces en el español la palabra que encontramos traducida es tiempo: *Todo tiene su tiempo….* Pero algo interesante es consultar la palabra en el original y ver si se está usando el término **cronos** o el término **kairos**.

- ***Cronos***, implica una duración de tiempo, o se refiere a una fecha de un acontecimiento, *cronos* nos indica qué día es hoy.
- ***Kairos*** significa un tiempo oportuno, un tiempo previsto, un tiempo cumplido, sazonado, adecuado, nos habla más que sólo "qué día es hoy" (cronos), Kairos se refiere a lo que está sucediendo en este día, que <u>tipo de tiempo</u> es hoy.

Un ejemplo: Alguien en su tiempo ***cronos*** está en los treinta años, pero en su tiempo ***kairos*** está en el tiempo de casarse.

Seguramente has oído la frase "Toma la oportunidad de tu vida en la vida de tu oportunidad", esto se refiere más al tiempo ***kairos*** que al ***cronos***.

Todos compartimos el tiempo *cronos*, pero el *kairos* es individual.

Estamos sujetos a un tiempo *cronos*, pero expectantes del tiempo *kairos* para cada etapa de nuestra vida. Nuestra oración a Dios está dirigida a que se cumpla el tiempo *kairos* en alguna situación, que nos de discernimiento de conocer los tiempos, de saber qué es lo que nos toca hacer (*kairos*) en este momento (*cronos*) de nuestra vida.

En nuestra vida, *cronos* marca la cantidad, *kairos* marca la calidad.

Acercándonos a las navidades recordamos el nacimiento de Jesús que fue en un día *cronos*, lo festejamos en diciembre, pero en un tiempo *kairos* preciso, cuando Dios dispuso hacer manifiesto su amor a los hombres a través de Jesús, cuando el Reino de Dios intervino en el mundo con violencia para traer salvación. El *cronos* es bueno el *kairos* es SORPRENDENTE y NECESARIO.

> *A la verdad, como éramos incapaces de salvarnos,*
> *en el tiempo señalado **(kairos)** Cristo murió por nosotros.*
> Romanos 5:6 (RV)

Para Reflexionar: ____

Lee las siguientes ideas de **Cómo podemos *"obtener"* tiempo,** y escribe UN compromiso puntual en esa área:

A. Procura hacer lo correcto, no atiendas lo más ruidoso, sino lo más vital.
Mi Compromiso: ____

B. Tienes que aprender que aveces es necesario dejar inconcluso algo para dar entrada a lo Importante.
Mi Compromiso: ____

C. Periódicamente haz una lista de "¿y si no lo hago, qué?"
Mi Compromiso:____

D. Ten siempre margen para lo inesperado, un "ahorro de tiempo" para esos imprevistos, te permitirá proteger lo importante.
Mi Compromiso: ____

E. Purga las distracciones comunes de tu agenda, recuerda, son enemigos no aliados de tu vida.
Mi Compromiso: ____

Administración de los Dones

Dones, Vocación y Funciones

Ahora bien, hay diversidad de dones, pero el Espíritu es el mismo. Y hay diversidad de ministerios, pero el Señor es el mismo. Y hay diversidad de operaciones, pero Dios, que hace todas las cosas en todos, es el mismo. Pero a cada uno le es dada la manifestación del Espíritu para provecho.
1 Corintios 12:4-7 (RV)

Introducción. Somos creación de Dios, diseño del Todopoderoso, todo lo que somos y hacemos tiene un sentido y un tiempo como estuvimos viendo. En nuestro diseño Dios pensó en algunos atributos o características de nuestra persona que nos pudieran ayudar a llevar a cabo las tareas para las cuales hemos sido creados y para las que hemos sido llamados, esto es, para nuestro propósito.

Dios no puso todos los dones, atributos y vocaciones necesarias en una sola persona, los distribuyó en todos nosotros.

Estamos diseñados con un propósito, estamos pensados de forma *individual* para actuar de forma *corporal*. ¿Cómo es esto? Dios ama la diversidad, solamente observa la creación, la enorme variedad de aves, peces, insectos etc. Si a Dios no le gustara la diversidad habría sólo un tipo de pájaro en el mundo o un tipo de insecto, pero es el día que seguimos descubriendo nuevas especies de seres que fueron creadas por el Dios de la diversidad.

En el hombre también podemos ver diversidad, para comenzar, cada uno de nosotros es único y especial, no existen dos seres humanos iguales, todos somos diferentes, la huella digital es una muestra de esta maravilla de individualidad y diversidad.

Con esto en mente, comenzaremos a estudiar los Dones. Cada uno de nosotros tiene una dotación de dones única y especial, que está pensada por Dios para nuestro propósito, para cumplir nuestro llamado.

Dichos **dones, talentos y vocaciones** necesitamos Administrarlos correctamente, lo que implica:

el conocerlos,
    hacerlos crecer,
        y usarlos correctamente.

El Carácter del Cristiano ¿Quiénes somos?

Antes de hablar de los dones refleccionemos un poco sobre el carácter. Los dones tienen que ver con el HACER, el carácter tiene que ver con el SER. Muchos se equivocan y piensan que *el hacer* les da identidad, o dicho de otra forma que lo que hacen dicta lo que son, esta ecuación no es correcta, más bien, lo que *somos dicta lo que hacemos*. Por ejemplo, "El Carácter de Cristo". Pablo lo describe en en libro de Gálatas 5:22, y nos enseña que es **amor, gozo, paz, paciencia, benignidad, bondad, fe, mansedumbre, templanza**, a esta lista yo le agregaría **santidad y obediencia**.

Con este Carácter es que Cristo hizo lo que hizo, apoyado con el poder del Espíritu Santo manifestado en los dones que Él tenía y ejercía no según su antojo, pero según la voluntad de Dios Padre.

Jesús es el mejor ejemplo de un excelente administrador de sus dones y de su llamado.

Los Dones = Lo que hacemos

Don significa "*Regalo*".

La palabra griega para Don es *Charisma-ta* que es el plural de *carisma* (*charis*) que significa gracia (favor no merecido de parte de Dios hacia nosotros) el sufijo "MA" después de charis = significa = *El resultado de la Gracia = el resultado de la Gracia de Dios en el hombre = Don.*

Estudiaremos algunos pasajes en la Epístola de 1ª de Corintios que es la epístola que habla más de los Dones.

Siempre doy gracias a Dios por ustedes, pues él, en Cristo Jesús, les ha dado su gracia. Unidos a Cristo ustedes se han llenado de toda riqueza, tanto en palabra como en conocimiento. Así se ha confirmado en ustedes nuestro testimonio acerca de Cristo, de modo que no les falta ningún don espiritual mientras esperan con ansias que se manifieste nuestro Señor Jesucristo. Él los mantendrá firmes hasta el fin, para que sean irreprochables en el día de nuestro Señor Jesucristo. Fiel es Dios, quien los ha llamado a tener comunión con su Hijo Jesucristo, nuestro Señor. 1 Cor 1:4-9 (NVI)

La gracia es dada al creyente en Cristo Jesús, como resultado, no estamos carentes de ningún *carisma* (v.7), consecuentemente cada cristiano sin importar su nivel espiritual, y sólo por la gracia de Cristo en Él tiene el potencial de demostrar esa gracia en un Don, talento o vocación (*carisma*).

"Los dones son capacidades sobrenaturales concedidas a cada creyente en vista del servicio y función que tienen dentro del cuerpo de Cristo."

Lee Efesios 4:11-13 y Responde:

* Menciona los cinco dones o ministerios que han sido dados a la Iglesia

1. ____
2. ____
3. ____
4. ____
5. ____

* ¿Cuál es el propósito por el cuál Dios ha dado estos dones a la Iglesia?

1. _____________________ edificación _____________________________
2. _____________________ lleguemos a la unida de la fe y _______________

Según Romanos 11:29

* ¿Qué características tienen los Dones y el llamamiento?

Son ____

Al leer Romanos 1:10-12

* ¿podemos ver que el anhelo de Pablo era? _____________________

En 1 Timoteo 4:14

* ¿podemos ver que Pablo exhorta a Timoteo a?:

____

* ¿Cómo es que Timoteo obtuvo este don espiritual?

____

Un don espiritual es una capacitación instantánea de parte de Dios, en el poder del Espíritu Santo, para hacer o decir algo mas allá de la habilidad natural de alguien, para poder cumplir un propósito específico de Dios, en el tiempo que Dios lo permite.

Existen algunos Dones, Talentos o Vocaciones, que son continuos en nuestra vida y los debemos de hacer crecer, un ejemplo son los dones **ministeriales**.

Nota del Pastor

Yo tengo el don de Pastor, dado por Dios para la función que desempeño en la iglesia, es un don continuo que tengo que buscar entender más para hacerlo crecer en mi vida, con esto estoy siendo un buen Administrador.

Otro ejemplo es el don de fe que todos tenemos, está en nuestra vida pero debemos de buscar que crezca, *"porque sin fe es imposible agradar a Dios"* *(Hebreos 11:6).*

Existen otros Dones que no son capacidades permanentes y continuas, sino que son capacidades que actúan alrededor de ciertas etapas o eventos donde Dios nos lleva. Un ejemplo es el Don de las sanidades, quizá no está operando en tu vida en todo momento, pero a través de la manifestación de su gracia, cuando Él cree que es necesario que sea demostrado este regalo, lo dará para que tú ores por sanidad y las personas sanen en el nombre de Jesús.

Los Dones son Distribuídos por el Espíritu Santo

Los dones son distribuídos por el Espíritu Santo y todos los creyentes los reciben de acuerdo al diseño para sus vidas. Si estudias la parábola de los talentos en **Mateo 25:14-30**, podrás ver algunos principios en cuanto a los dones o talentos:

I. Todos los reciben, nadie se queda sin nada
II. Son distribuídos en diferentes formas
III. Hay que hacerlos crecer.
IV. Se nos pedirá cuenta de ellos.

Por lo que podemos concluir que los Dones son dados a los Cristianos para:

-Extender el Reino de Dios
-Establecer el Carácter de Cristo en los otros cristianos (perfeccionar a los santos)
-Para deshacer las obras del Diablo
-Para caminar la vida cristiana en victoria y resistir el dia malo.
-Para tener éxito en nuestro llamado.

El Proverbio 22:6 dice:
Instruye al niño en SU camino, y aún cuando fuere viejo no se apartará de él.

Nos habla de un camino específico, individual, que cada uno de nosotros tenemos, según el llamado que será respaldado por los Dones.

Nota del Pastor

Si Dios me hubiera llamado para ser pastor y no me hubiera equipado con los dones necesarios, yo no podría ser de mucha ayuda para Él. Nuestra individualidad es un sello de nuestro llamado, yo tengo 4 hijos y veo como cada uno tiene diferentes dones, con uno disfrutarías debatir de algún tema, otro hijo canta como un ángel, el otro es un líder de nacimiento, el otro tiene un don de enseñanza y así cada uno de nosotros. No nos comparemos, solamente tomemos lo que nos ha sido dado y Administrémoslo bien para Su Gloria.

Tres tipos o clasificación de Dones

Al Leer 1 Corintios 12:4-7
- Podrás relacionar las siguientes columnas

Dones   Dios Padre

Ministerios o
Maneras de Servir   El Señor Jesús

Operaciones o   El Espíritu Santo
Funciones

- ¿Cuál de las siguientes oraciones es la correcta?

  (   ) A cada uno se le dio una manifestación especial del Espíritu
  (   ) Todos tenemos la misma manifestación de Don Espiritual

Al estudiar la Biblia encontramos algo muy interesante, que cada una de las personas de la Trinidad, "Padre, Hijo y Espíritu Santo" nos da un tipo de don a cada creyente, para mí es algo tan profundo e íntimo, cómo Dios se manifiesta en su Trinidad para equiparnos y amarnos.

Podemos encontrar que existen los dones:

diakonia que significa servicio o vocación	Que nos da **Jesucristo**, a los cuales llamamos los dones del ministerio o maneras de servir.
energema –con sufijo *ma*- resultado de la energía, o efecto u operación de, "resultado energizado por la gracia de Dios.	Los dones del **Padre** que le llamamos dones operacionales o funciones.
charis – gracias y **ma** - el resultado por la gracia = un regalo de gracia.	y los dones del **Espíritu Santo** o dones de Poder

Los dones del Padre = Operaciones

De manera que, teniendo diferentes dones, según la gracia que nos es dada, si el de profecía, úsese conforme a la medida de la fe; o si de servicio, en servir; o el que enseña, en la enseñanza; el que exhorta, en la exhortación; el que reparte, con liberalidad; el que preside, con solicitud; el que hace misericordia, con alegría. Romanos 12:6-8 (RV)

Dones de Dios Padre = Efectos de la gracia (Ro12:6-8)
- Profecía
- Servicio
- Enseñanza
- Exhortar
- Repartir
- Presidir
- Misericordia

Los Dones del Hijo: (servicio o vocación)

Y él mismo constituyó a unos, apóstoles; a otros, profetas; a otros, evangelistas; a otros, pastores y maestros, a fin de perfeccionar a los santos para la obra del ministerio, para la edificación del cuerpo de Cristo. Efesios 4:11-12 (RV)

Dones del Ministerio (diakonia = servicio) (Ef. 4:11-12)
- Profeta
- Maestro
- Pastor
- Evangelista
- Apóstol

Los Dones del Espíritu. *Charisma*

Pero a cada uno le es dada la manifestación del Espíritu para provecho. Porque a éste es dada por el Espíritu palabra de sabiduría; a otro, palabra de ciencia según el mismo Espíritu; a otro, fe por el mismo Espíritu; y a otro, dones de sanidades por el mismo Espíritu. A otro, el hacer milagros; a otro, profecía; a otro, discernimiento de espíritus; a otro, diversos géneros de lenguas; y a otro, interpretación de lenguas. Pero todas estas cosas las hace uno y el mismo Espíritu, repartiendo a cada uno en particular como él quiere.
1 Corintios 12:7-11 (RV)

Dones Espirituales , Dones de Poder (1 Co 12:1-31)

- Dones de revelación (revelan algo) _______________________

- Palabra de ciencia y conocimiento (V8) _______________________
- Palabra de sabiduría (V 8)
- Discernimiento de espíritus (V10) _______________________

- Dones de Poder (hacer algo) Evangelistas _______________________
- Sanidades (V9)
- Milagros (V10) _______________________
- Fe (V9) _______________________

- Dones de inspiración (dicen algo)
- Profecía   (V10) (1 Cor 14:1)
- Diversos Géneros de Lenguas (V10)
- Interpretación de lenguas (V10)

Resumen

Al ver todos estos dones y vocaciones podemos ver que tenemos una riqueza tremenda en Cristo, que Él nos ha equipado para desempeñar la obra que nos ha comisionado de "ir y predicar el evangelio a todas las naciones haciendo discípulos y bautizándolos en el nombre del Padre, del Hijo y de Espíritu Santo".

- Los Dones del Padre o "dones de hechura" están en nuestro ser desde pequeños, podemos identificarlos en los niños y verlos florecer en los jóvenes, al conocer los nuestros buscaremos estar en lugares de servicio donde podamos desempeñarlos y sacar todo su fruto.
- Los Dones del Hijo, o dones ministeriales, son indispensables para la salud de la Iglesia, los 5 ministerios deben de estar presentes en la Iglesia, operando en armonía cada uno en su función y orden.
- Los Dones del Espíritu Santo o dones de poder, nos permitirán caminar en lo sobrenatural que es el llamado que tenemos, debemos equiparnos con estos Dones, conocerlos y dejarlos fluir en nuestra vida.

____

____

____

____

____

____

____

____

____

____

Déjame darte un ejemplo de mi vida: Identifico que tengo de parte del Padre el don de precidir, es decir de administrar, es algo que se me da naturalmente porque el Padre lo ha puesto en mi hechura, no necesito esforzarme para desempeñarlo, fluye solo.

Tengo el don de Pastor dado de parte del Hijo, esto no lo supe toda mi vida, sino hasta que fui llamado a servirle, mi pastor veía este don en mí, y ayudó a hacerlo crecer y en su tiempo fui comisionado a ejercerlo, Cristo sigue equipándome en este don.

Y al caminar con el Espíritu Santo he podido ver que he recibido el don de palabra de ciencia y conocimiento y de sabiduría que he podido usar cuando ha sido requerido de mí, para saber aconsejar, y tomar la visión de parte de Dios en mi vida, en mi familia y en la iglesia.

Para Reflexionar

Lee este pasaje en 2 de Samuel 12:1-13, cuando Natán confronta a David en su pecado:

- ¿Puedes ver el don de parte de Dios operando en la vida de Natán para el rescate del Rey David y toda una nación? (   ) Si   (   ) No

- ¿Es un don natural o es un don espiritual operando en Natán?

  ____

- ¿Cuál es el don que ves en Natán? _____________________________________

- ¿Qué respuesta tuvo David ante Natán cuando ejerció su don de parte de Dios?

  ____

Y él mismo constituyó a unos, apóstoles; a otros, profetas; a otros, evangelistas; a otros, pastores y maestros. Efesios 4:11

A continuación una breve descripción de cada uno de los 5 dones que Jesús ha dado para la edificación de su Iglesia. Al leerlos y estudiarlos trata de identificar características y funciones con las que te puedas identificar, recuerda que el descubrir el ministerio dado por Dios para que lo ejerzamos es un paciente proceso de oír Su voz y recibir confirmación de la Iglesia. Comenta con tu Pastor o discipulador tus hallazgos y gózate con tu llamado.

El Ministerio del Apóstol.

Formación de iglesias en distintos lugares, ganando almas y formando cristianos.

1. Las características de un Apóstol
- Un apóstol tiene humildad en su vida y sirve al Cuerpo sin importarle el costo.

Entonces Jesús, llamándolos, dijo: Sabéis que los gobernantes de las naciones se enseñorean de ellas, y los que son grandes ejercen sobre ellas potestad. Mas entre vosotros no será así, sino que el que quiera hacerse grande entre vosotros será vuestro servidor, y el que quiera ser el primero entre vosotros será vuestro siervo; como el Hijo del Hombre no vino para ser servido, sino para servir, y para dar su vida en rescate por muchos. Mateo 20:25-28 (RV)

- Un apóstol busca la unidad del Cuerpo de Cristo.
- Tiene un carácter fuerte y dominante, difícil de trato.
____
____
____
____
____
____
____

2. Las funciones de un apóstol.

- Un apóstol ministra la disciplina sobrenatural, lo cual suscita la santidad del Cuerpo. El apóstol Pablo en 1 Corintios 5:1-5 hace justamente esto:

De cierto se oye que hay entre vosotros fornicación, y tal fornicación cual ni aun se nombra entre los gentiles; tanto que alguno tiene la mujer de su padre. Y vosotros estáis envanecidos. ¿No debierais más bien haberos lamentado, para que fuese quitado de en medio de vosotros el que cometió tal acción? Ciertamente yo, como ausente en cuerpo, pero presente en espíritu, ya como presente he juzgado al que tal cosa ha hecho. En el nombre de nuestro Señor Jesucristo, reunidos vosotros y mi espíritu, con el poder de nuestro Señor Jesucristo, el tal sea entregado a Satanás para destrucción de la carne, a fin de que el espíritu sea salvo en el día del Señor Jesús.

- Un Apóstol tiene una visión para los perdidos (Marcos 16:15).
- Un apóstol posee las palabras de autoridad que establecen los discípulos de Cristo

3. Los dones que deben estar operando constantemente en un apóstol.

- Un apóstol tienen un ministerio sobrenatural. (Hechos 4:33, 5:2, 2 Corintios 12:12)
- Los Dones que se manifiestan regularmente en un apóstol: Sanidad, milagros, discernimiento de espíritus.

4. Los talentos que regularmente acompañan a un apóstol:

- El de exhortación y enseñanza especialmente.

5. Lo que debe siempre recordar:

- Que no es pastor, que otro debe tomar el liderazgo de la congregación con el tiempo.

____

____

____

____

____

____

El Ministerio de Profeta.

Abarca más que el simple uso del don de profecía, abarca dirección, guianza, eventos futuros, y hasta mundiales.

- Hubo por lo menos tres profetas en la iglesia de Corinto.

> *Asimismo, los profetas hablen dos o tres,*
> *y los demás juzguen.* 1 Cor.14:29 (RV)

- Hubo profetas en la iglesia de Antioquía.

> *Había entonces en la iglesia que estaba en Antioquía,*
> *profetas y maestros.* Hechos 13:1 (RV)

1. <u>Características de un profeta.</u>
- Son los que oyen el mensaje fresco y comparten el mensaje de fe.
- Tienen una intuición divina, sobrenatural (el Espíritu Santo les hace ver lo que no se ve).
- Pasan mucho tiempo apartados con Dios y poco con los hombres. Inclusive hasta serían groseros con los hombres por no estar dispuestos a atender a alguien, si se encuentran con Dios.
- Es conocido y aprobado por los demás sin tener que auto-anunciarse.

2. <u>Las funciones de un profeta.</u>
- Son una parte del fundamento de la iglesia (Efesios 2:20)
- Los profetas son dados a todo el Cuerpo de Cristo
- Son capaces de discernir entre los espíritus falsos y los verdaderos.

3. <u>Los dones que deben de estar operando constantemente en un profeta.</u>
- Especialmente el de profecía, discernimiento de espíritus e interpretación de lenguas.

4. <u>Los talentos que regularmente acompañan a un profeta.</u>
- Especialmente discernimiento y exhortación.

5. <u>Lo que debe siempre recordar</u>
- Tener tacto para dar al cuerpo y al liderazgo las visiones. Si no, regularmente terminan siendo odiados y agredidos.

El Ministerio del Evangelista.

El ministerio de un evangelista es ganar y proclamar las buenas nuevas. Un verdadero evangelista fue Felipe (ver Hechos 8:4-40).

1. <u>Dos partes intervienen en el ministerio de un evangelista:</u>

- Anuncio del evangelio a la multitud:
Entonces Felipe, descendiendo a la ciudad de Samaria, les predicaba a Cristo. Y la gente, unánime, escuchaba atentamente las cosas que decía Felipe, oyendo y viendo las señales que hacía. Hechos 8:5-6

- Anuncio del evangelio a cada persona:
Entonces él se levantó y fue. Y sucedió que un etíope, eunuco, funcionario de Candace reina de los etíopes, el cual estaba sobre todos sus tesoros, y había venido a Jerusalén para adorar, Y el Espíritu dijo a Felipe: Acércate y júntate a ese carro......Entonces Felipe, abriendo su boca, y comenzando desde esta escritura, le anunció el evangelio de Jesús Hechos 8:27,29,35

2. <u>Las características de un evangelista</u>
- Tiene un fuego por ganar almas
- Persona que habla con mucha unción y con el poder del Espíritu Santo.

3. <u>Las funciones de un evangelista</u>
- Ganar almas y proclamar las buenas nuevas
- Ayudar el crecimiento del Cuerpo de Cristo
- Anunciar por igual el evangelio a una multitud como a cada persona

4. <u>Los dones que deben de estar operando constantemente en un evangelista:</u>
- Palabra de sabiduría, y palabra de ciencia.

5. <u>Los talentos que regularmente acompañan a un evangelista:</u>
- Especialmente exhortación y enseñanza.

6. <u>Lo que debe siempre recordar:</u>
- Reconocer la necesidad de otros ministerios, no sólo llevar almas a los pies de Cristo, sino también discipularlas.

El Ministerio del Maestro.

Es la persona que trae una exposición y expansión de las verdades de la Palabra de Dios y sus principios y doctrinas.

Apolos era un hombre elocuente:
Llegó entonces a Efeso un judío llamado Apolos, natural de Alejandría, varón elocuente, poderoso en las Escrituras. Este había sido instruido en el camino del Señor; y siendo de espíritu fervoroso, hablaba y enseñaba diligentemente lo concerniente al Señor, aunque solamente conocía el bautismo de Juan.
Hechos 18:24-28 (RV)

1. Características de un maestro
- Es un tipo de persona analítica y lógica
- Es regularmente formal para sus clases
- Es elocuente en palabra y sabiduría, muy didáctico

2. Las funciones de un maestro
- Nutrir al cuerpo de Dios
- Ministrar al cuerpo de Cristo en cada nivel de fe en que se encuentren sus miembros.

3. Los dones que deben estar operando constantemente en un maestro:
- Especialmente palabra de conocimiento y de ciencia.

4. Los talentos que regularmente acompañan a un maestro:
- Especialmente en enseñanza y administración.

5. Lo que siempre debe recordar:
- La necesidad de moverse en los dones del Espíritu Santo, para no quedarse en lo académico.

El Ministerio de Pastor.

Es el de velar por el rebaño, alimentar y nutrir el cuerpo de Cristo.

Ruego a los ancianos que están entre vosotros, yo anciano también con ellos, y testigo de los padecimientos de Cristo, que soy también participante de la gloria que será revelada: Apacentad la grey de Dios que está entre vosotros, cuidando de ella, no por fuerza, sino voluntariamente; no por ganancia deshonesta, sino con ánimo pronto; no como teniendo señorío sobre los que están a vuestro cuidado, sino siendo ejemplos de la grey. Y cuando aparezca el Príncipe de los pastores, vosotros recibiréis la corona incorruptible de gloria. 1 Pedro 5:1-4 (RV)

1. Las características de un pastor
- El pastor debe ser imparcial (1 Timoteo 5:21)
- El Pastor debe tener un carácter excelente (Tito 2:7)
- El Pastor debe ser cortés (1 Pedro 3:8)
- En su naturaleza debe ser bondadoso y mostrar interés en sus ovejas
- El pastor debe ser un hombre de negocios
- El pastor debe aprender a vivir por fe.
- El pastor debe practicar en su hogar lo que enseña (Santiago 1:22, 1Timoteo 3:4-5)
- El pastor debe leer constantemente
- El pastor debe pensar antes de actuar

2. Las funciones de un pastor.
- El pastor va a nutrir a las ovejas
- El pastor va a guiar por su ejemplo
- El pastor va a amar a la gente
- El pastor va a cuidar a la gente (Juan 10:12)
- El pastor va a dar su vida por las ovejas (Juan 10:15,18)
- El pastor va a defender a la gente en tiempos de tribulación
- El pastor debe utilizar los talentos de la congregación
- Predicar y orar debe ser su primera prioridad (2 Timoteo 4:2, Hechos 6:4)

3. Los dones que deben de estar operando constantemente en un pastor:
- Especialmente fe y sabiduría.

4. Los talentos que regularmente acompañan a un pastor:
- Especialmente misericordia, administración y enseñanza.

Manual de Mayordomía y Servicio. Recopilado por Amistad de Puebla A.C. Amistad Comunicaciones. 1997.

5. Lo que debe siempre recordar:

- Que no es un "todólogo", sino que su función principal es encontrar las habilidades de cada uno de la congregación y ponerlos a trabajar.

Para Reflexionar

Contesta el Test: **"Descubriendo Mis Talentos"**, que encontrarás a continuación y comparte en grupo tus hallazgos. (Recuerda que es sólo un sencillo test diseñado a ayudarte a acercarte más a tu llamado, no es una prueba infalible y debe de ser acompañada con un proceso de discipulado.)

Contesta las preguntas con la siguiente escala:

0	nunca
1	rara vez
2	algunas veces
3	usualmente
4	casi siempre
5	siempre

1.____ Da libremente dinero, posesiones, energía y amor a otros.

2.____ Le gusta dar en silencio sin que los otros sepan.

3.____ Ve la hospitalidad como una oportunidad para dar.

4.____ Es un voluntario rápido para ayudar cuando una necesidad es notada.

5.____ Cree que Dios es la fuente de todos sus bienes.

6.____ Fácilmente reconoce las necesidades prácticas y ayuda a satisfacerlas.

7.____ Se goza especialmente en proyectos manuales, trabajos y funciones.

8.____ Tiene tendencia a hacer más de lo que se le pide.

9.____ No soporta estar alrededor de la suciedad y el desorden.

10.____ Prefiere hacer un trabajo que delegar a otro.

11.____ Altamente motivado para organizar aquello por lo cual es responsable.

12.____ Fácilmente encuentra los medios y las personas para llevar a cabo algo.

13.____ Le gusta delegar tareas y supervisar gente.

Manual de Mayordomía y Servicio. Recopilado por Amistad de Puebla A.C. Amistad Comunicaciones. 1997.

14.____ Tiene gran entusiasmo por las cosas en las que se involucra.

15.____ Desea ver las cosas terminadas tan pronto como sea posible.

16.____ Presenta la verdad de una manera lógica y sistemática.

17.____ Le gusta estudiar y hacer investigaciones.

18.____ Se siente preocupado porque la verdad sea establecida.

19.____ Prefiere enseñar a creyentes a involucrarse en evangelismo.

20.____ Le gustan los estudios de la Palabra.

21.____ Le encanta animar a otros a vivir victoriosamente.

22.____ Quiere ver resultados visibles cuando enseña o predica.

23.____ Le encanta recetar pasos precisos de acción que ayudan al crecimiento.

24.____ Anima a otros a desarrollar su ministerio personal.

25.____ Le encanta dar consejos personales.

Sume las primeras 5 preguntas y escriba el resultado. Hacer lo mismo para todas las preguntas de 5 en 5.

______ preguntas del 1 al 5:   Apóstol o Evangelista

______ preguntas del 6 al 10:   Evangelista

______ preguntas del 11 al 15:   Pastor

______ preguntas del 16 al 20:   Maestro

______ preguntas del 21 al 25:   Profeta

¿En cuál Ministerio tuviste mayor puntuación? __________________________

____

____

____

____

____

____

____

Manual de Mayordomía y Servicio. Recopilado por Amistad de Puebla A.C. Amistad Comunicaciones. 1997.

Los Dones del Espíritu

Pero cuando venga el Espíritu Santo sobre ustedes,
recibirán poder. Hechos 1:8

Introducción. Ahora veremos los dones del Espíritu, que se enfocan en el poder de Cristo siendo manifestado a través de nuestra vida.

No quiero, hermanos, que ignoréis acerca de los dones espirituales. Sabéis que cuando erais gentiles, se os extraviaba llevándoos, como se os llevaba, a los ídolos mudos. Por tanto, os hago saber que nadie que hable por el Espíritu de Dios llama anatema a Jesús; y nadie puede llamar a Jesús Señor, sino por el Espíritu Santo. Ahora bien, hay diversidad de dones, pero el Espíritu es el mismo. Y hay diversidad de ministerios, pero el Señor es el mismo. Y hay diversidad de operaciones, pero Dios, que hace todas las cosas en todos, es el mismo. Pero a cada uno le es dada la manifestación del Espíritu para provecho. Porque a éste es dada por el Espíritu palabra de sabiduría; a otro, palabra de ciencia según el mismo Espíritu; a otro, fe por el mismo Espíritu; y a otro, dones de sanidades por el mismo Espíritu. A otro, el hacer milagros; a otro, profecía; a otro, discernimiento de espíritus; a otro, diversos géneros de lenguas; y a otro, interpretación de lenguas. Pero todas estas cosas las hace uno y el mismo Espíritu, repartiendo a cada uno en particular como él quiere. 1 Corintios 12:1-11 (RV)

La palabra que Pablo usa para describir los dones es "charisma" (dádiva, don o facultad milagrosa) que denota una intervención sobrenatural del Espíritu en la vida del creyente para prepararnos para el servicio en el Reino y un crecimiento en la gracia. Somos llamados a procurar los mejores dones (1 Corintios 12:31), dejando toda pasividad, ardientemente buscando el entender la operación de todos los dones espirituales.

Al hablar de dones no existe la exclusividad, los dones son colocados en la iglesia como recurso para ser utilizados para ministrar al cuerpo, esto significa que NO todo creyente tendrá los mismos dones, es el Espíritu Santo el autor y distribuidor de los dones en la iglesia.

Los dones del Espíritu o dones espirituales que hemos leído en este texto de primera de Corintios, son nueve manifestaciones del Espíritu, del poder de Cristo para el provecho de la iglesia mientras expande el reino de Dios, y consolida la vida de cada creyente.

1. Palabra de Sabiduría   _______________________
2. Palabra de ciencia   _______________________
3. Fe   _______________________
4. Sanidades   _______________________
5. Hacer milagros   _______________________
6. Profecía   _______________________
7. Discernimiento de espíritus   _______________________
8. Diversos géneros de lenguas   _______________________
9. Interpretación de lenguas.   _______________________

Los nueve dones del Espíritu

Es importante entender el impacto que tiene la operación completa del Espíritu a través de la vida y el testimonio de la Iglesia.

En este estudio nos enfocaremos a describir los nueve dones del Espíritu, para mejor entenderlos y utilizarlos.

1. Palabra de Sabiduría

- Una perspectiva sobrenatural para discernir la manera de cumplir la voluntad de Dios en una dada situación.
- Un poder dado por Dios para tener intuición espiritual en la solución de problemas.
- Un sentir de dirección dada por Dios.
- Ser guiado por el Espíritu Santo para actuar apropiadamente en una situación o circunstancia específica.
- Conocimiento correctamente aplicado: La sabiduría interactuando con el conocimiento y el discernimiento.

2. Palabra de Ciencia

- Una revelación sobrenatural de la voluntad y plan divino
- Un sentir y entendimiento sobrenatural de las circunstancias o de una información, dada por revelación: esto es sin asistencia ni ninguna fuente de ayuda humana, solamente por asistencia divina.
- Implica un profundo y más completo entendimiento de los actos de comunicación de Dios.
- Incluye una sabiduría moral para un vivir correcto y mantener relaciones exitosas.
- Un entendimiento objetivo concerniente a asuntos divinos en cada uno de los deberes diarios en nuestras vidas.
- Se puede referir al conocimiento de Dios o de las cosas que provienen de Dios, como se relata en el evangelio.

3. Fe

- Habilidad sobrenatural para creer a Dios sin ninguna duda.
- Habilidad sobrenatural para combatir la incredulidad.
- Habilidad sobrenatural para enfrentar circunstancias adversas con confianza en el mensaje y palabras de Dios.
- Una convicción interna motivada por un alto y urgente llamado.

4. Don de Sanidades

- Se refiere a sanidad sobrenatural sin asistencia humana.
- Puede incluir una asistencia divina durante la aplicación de tratamientos médicos.
- Implica el usar los dones creativos de Dios.

5. Hacer Milagros

- Poder sobrenatural para intervenir y contrarrestar fuerzas de la tierra o malignas.
- Literalmente significa una demostración de poder para ir más allá de lo natural.
- Opera de cerca con el don de fe y sanidad para traer autoridad sobre el pecado, Satanás, enfermedad, y las fuerzas opresoras de esta era.

6. Profecía

- Expresión divinamente inspirada y ungida.
- Una proclamación sobrenatural en un lenguaje conocido.
- Una manifestación del Espíritu de Dios, no del intelecto (1 Corintos 12:7).
- Puede ser dado a todos los que son llenos del Espíritu Santo (1 Corintos 14:31).
- El intelecto, la fe y la voluntad están operando en este don, pero su ejercicio no está basado en el intelecto. Es llamar y proclamar palabras del Espíritu de Dios.

7. Discernimiento de espíritus

- Poder sobrenatural para detectar el mundo de los espíritus y su actividad.
- Implica el poder de detectar y conocer por medio de revelación sobrenatural los planes y propósitos del enemigo y sus fuerzas.

8. Diversos géneros de lenguas

- Un fluir sobrenatural en lenguajes no conocidos para el que habla: estos lenguajes pueden ser: existentes en el mundo, revividos de una cultura antigua, o desconocidos en el sentido que son un medio de comunicación inspirado por el Espíritu Santo. (Isaías 28:11, Marcos 16:17, Hechos 2:4; 10:44-48; 19:1-7, 1 Corintos 12:10, 28-31; 13:1-3; 14:2, 4-22, 26-32.)
- Sirve como una evidencia y signo de la llenura y obra del Espíritu Santo.

9. Interpretación de lenguas

- Poder sobrenatural para revelar el significado de las lenguas
- Funciona no como una operación de la mente del hombre más bien de la mente del Espíritu.
- No funciona como una traducción (el intérprete no entiende la lengua que está interpretando), más bien es una declaración de su significado.
- Es ejercido como un fenómeno sobrenatural milagroso, igualmente que el don de hablar en lenguas y el don de profecía.

La experiencia de ser llenos del Espíritu Santo es más que sólo el hablar en lenguas, es llegar a la plenitud del fruto (Carácter) y los dones del Espíritu como hemos estudiado. Necesitamos tener un balance entre el fruto (Carácter) y los dones, es interesante ver que el fruto tiene nueve atributos y los dones son nueve.

¿Qué vendrá primero el fruto ( ) o los dones ( )?

Si analizamos la vida de Jesucristo podemos claramente ver cómo se nos describe en los evangelios que Jesús era movido a misericordia (fruto) y sanaba a la gente (don).

Y salió Jesús y vio una gran multitud, y tuvo compasión de ellos, porque eran como ovejas que no tenían pastor. Marcos 6:34

El Fruto es el ser, es reflejar quién es Cristo.
Los dones es el hacer, el poder, la unción, es reflejar lo que hace Cristo.

Para Reflexionar

- Pablo lo describe claramente el balance entre tener el Carácter y ejercer los Dones ¿De qué me sirve ejercer todo el poder de Dios si no tengo amor?

Si yo hablase lenguas humanas y angélicas, y no tengo amor, vengo a ser como metal que resuena, o címbalo que retiñe. Y si tuviese profecía, y entendiese todos los misterios y toda ciencia, y si tuviese toda la fe, de tal manera que trasladase los montes, y no tengo amor, nada soy. Y si repartiese todos mis bienes para dar de comer a los pobres, y si entregase mi cuerpo para ser quemado, y no tengo amor, de nada me sirve. 1 Corintios 13:1- 3 (RV)

- Interactúa en Grupo comentando dónde y cómo has visto la operación de los Dones del Espíritu Santo en la Iglesia.

QUINTA PARTE

Administración del Servicio

Introducción. Hemos estudiado los dones que cada uno de nosotros tenemos de parte del Padre (los dones de hechura), los dones que el Hijo nos da según el ministerio que desempeñemos, y los dones del Espíritu Santo que nos llevan a caminar en poder en nuestra vida Cristiana.

El caminar, vivir y servir del Cristiano no es uno común, ¿tú ves la vida de Jesús como una común?, yo la veo como una vida ejemplar caminando siempre en lo sobrenatural, lleno del poder del Espíritu, con revelación del Padre y un propósito y una misión. El dijo que nosotros haríamos cosas mayores que las que leemos de Él en la Biblia si caminamos con fe.

> *De cierto, de cierto os digo: El que en mí cree, las obras que yo hago, él las hará también; y aun mayores hará, porque yo voy al Padre. Y todo lo que pidiereis al Padre en mi nombre, lo haré, para que el Padre sea glorificado en el Hijo. Si algo pidiereis en mi nombre, yo lo haré.*
> Juan 14:12 (RV)

Así que la expectativa para mi y para ti es grande, no por lo que tú y yo seamos pero por lo que tú y yo tenemos, una gran bendición de parte de un buen Dios, que nos permite extendernos mas allá de nuestras posibilidades.

Dando cuentas

Una característica de un Administrador es que tiene que dar cuentas de lo que ha administrado, y esto se aplica a nuestras vidas, en tiempo, posesiones, familia, dones y talentos.

Cuando lees la parábola que Jesús contó de los talentos (Leer en Mateo 25:14-30) encontramos la figura de un Señor que da talentos (dones) y a sus siervos que los reciben. Después de un tiempo regresa el Señor para pedir cuentas, es un Señor que sabe reconocer el esfuerzo de los que administraron bien...

"Bien, buen siervo y fiel; sobre poco has sido fiel, sobre mucho te pondré; entra en el gozo de tu señor."v21

...Pero también es un Señor exigente que demanda el producto de lo entregado a todos los siervos, a cada uno según su capacidad, a cada uno según lo dado:

"Porque al que tiene, le será dado, y tendrá más; y al que no tiene, aun lo que tiene le será quitado. Y al siervo inútil echadle en las tinieblas de afuera; allí será el lloro y el crujir de dientes"v.29-30

De aquí la frase que dice: "Al que mucho se le da mucho se le exige"

Debemos de recordar que todos compareceremos ante el Tribunal de Dios (Romanos 14:10) y hay dos preguntas que tendremos que responder:

1. ¿Qué hicimos con respecto a su hijo Jesucristo? Si aceptamos lo que Cristo hizo por nosotros y si aprendimos a amarlo y a confiar en Él.

"Yo soy el Camino, la verdad y la vida: nadie viene al Padre sino por Mi"
Juan 14:6

2. ¿Qué hicimos con lo que nos entregó? Cómo administramos nuestra vida, tiempo, dones, talentos, recursos, oportunidades, familia y discípulos.

La primer pregunta definitivamente determinará en dónde pasaremos la eternidad.

La segunda determinará qué haremos durante la eternidad.

El servicio en el cuerpo de Cristo

Dentro de nuestro caminar Cristiano encontraremos un punto donde es bueno comenzar a servir dentro de la Iglesia, la familia de Cristo. Esto sucede cuando se nos invita a participar activamente en un ministerio (equipo de trabajo) puede ser desde la atención de los niños, o servir de edecán, o abrir tu casa para un estudio bíblico etc.

Testimonio del Pastor

Hace muchos años, un día mi Pastor me habló y pidió que si podríamos abrir nuestra casa para dar un estudio Bíblico, yo me sentí muy honrado porque nos tomaran en cuenta y accedí gustoso. No sabía la aventura que comenzaría desde entonces en mi vida. Eso fue hace mucho tiempo atrás y hoy puedo ver el crecimiento continuo que se desencadenó, todo lo que he aprendido, han sido tiempos gloriosos de dar y recibir, de reír y llorar con otros, y de ver la mano poderosa de Dios obrando en la vida de mi familia y la de muchos.

Es grandioso llegar a los pies de Cristo, para esto no tuvimos que hacer ni desempeñarnos, sólo abrazar el mensaje de esperanza y decir que SI a todo lo que Él hizo y tiene para nosotros. Es grandioso comenzar este caminar de fe en Cristo, aprendiendo todo lo que nos enseña, siendo liberados de todo 'exceso de equipaje', sanados de toda herida y abrazados con seguridad y amor en los brazos del Padre y en la familia de una iglesia amorosa.

Y también, es grandioso el día en que intencionalmente comenzamos a servir dentro de su propósito, con nuestras posibilidades, dentro de nuestros gustos y talentos, cumpliendo con su pueblo sin descuidar nuestras prioridades que debemos de tener en este orden:

1. Mi Relación con Dios
2. Mi Familia
3. Mi Trabajo
4. Mi Servicio dentro del Cuerpo de Cristo y de la sociedad

La Administración según el Reino contempla cumplir con todas ellas, adecuadamente, diligentemente y a su debido tiempo, pero puedo ver que un momento crucial en nuestra vida Cristiana es cuando teniendo todas estas áreas prioritarias atendidas y en orden, nos proyectamos voluntariamente a dar de regreso un poco de lo mucho que hemos recibido a otros, primeramente a la Iglesia de Cristo, al pueblo de Dios, ejercitándonos y disciplinándonos en el servicio y fortaleciendo con esto la unidad y la familia que se prepara para recibir en amor a muchos más, y después al mundo entero impactándolo con el mismo mensaje que nos ha cambiado a nosotros.

Así que, según tengamos oportunidad, hagamos bien a todos, y mayormente a los de la familia de la fe. Gálatas 6:10 (RV)

Debemos de poner al servicio de Dios nuestro dones y talentos, al hacerlo debemos de recordar:

1. Tener una actitud correcta:
De corazón, no buscando la aprobación de los hombres, sino la de Dios.

Y todo lo que hacéis, sea de palabra o de hecho, hacedlo todo en el nombre del Señor Jesús, dando gracias a Dios Padre por medio de él. Colosenses 3:17 (RV)

2. Servir con Responsabilidad:
a. El profeta debe de anunciar el peligro, dar aviso y dar visión.
b. Los Pastores deben de servir con responsabilidad, diligencia y con alegría, sabiendo que daremos cuentas:

Obedeced a vuestros pastores, y sujetaos a ellos; porque ellos velan por vuestras almas, como quienes han de dar cuenta; para que lo hagan con alegría, y no quejándose, porque esto no os es provechoso. Hebreos 13:17 (RV)

c. Los maestros siendo consientes de las responsabilidad de enseñar

Hermanos míos, no os hagáis maestros muchos de vosotros, sabiendo que recibiremos mayor condenación. Santiago 3:1 (RV)

d. Los Apóstoles y evangelistas con una pasión y urgencia que no sucumbe a las pruebas.

3. Servir con diligencia: Ser hallado en nuestra administración y servicio sin mancha e irreprensible, en paz con lo que tenemos, con lo que dimos, con lo que sembramos y con lo que hicimos.

Por lo cual, oh amados, estando en espera de estas cosas, procurad con diligencia ser hallados por él sin mancha e irreprensibles, en paz
2 Pedro 3:14 (RV)

Resumen

Recuerda, nuestro valor e identidad están en que Él nos amó", no en lo que hacemos. Nuestro valor está en lo que somos "Aceptos en el Amado" no en lo que realizamos.

"Buscar valor por lo que hacemos es el modelo del hombre, no el de Dios"

Él nos ama todo y ya lo demostró dándonos a su Hijo, tomando ese gran amor, sabiendo nuestra posición e identidad en Cristo es que decidimos servirle no para alcanzar nada, más bien para demostrar con hechos lo que ya ha sucedido en nuestro corazón.

El discipulado es el diseño de Crecimiento en la vida Cristiana. En tu caminar de fe encontrarás a personas que te discipulan que invierten tiempo en platicar, atenderte, guiarte y enseñarte, considera esto un regalo de parte de Dios, camina siempre en familia, con cobertura, en orden, siendo discipulado hasta alcanzar el propósito por el cual Dios te ha llamado.

A fin de perfeccionar a los santos para la obra del ministerio, para la edificación del cuerpo de Cristo, hasta que todos lleguemos a la unidad de la fe y del conocimiento del Hijo de Dios, a un varón perfecto, a la medida de la estatura de la plenitud de Cristo. Efesios 4:12-13 (RV)

Mi oración por ti es que puedas caminar firme en Cristo, fortaleciéndote en todo en Él, cumpliendo el propósito en tu vida y extendiendo el Reino de Dios, para gloria y honra de nuestro Dios.

"Que tu Administración en cada área de tu vida sea conforme al diseño, principios e intención del Reino de Dios aquí y ahora"

Si ya tienes más de un año congregándote, quizá es tiempo de que empieces a buscar en donde servir, es un proceso paulatino, en donde te irás involucrando, conociendo y probando los diferentes ministerios y áreas de servicio, irás encontrando compañerismo, amistades para toda la vida y un discipulado intencional que te ayudará a pulir tus dones, es un tiempo de descubrir, de alegrarte y de crecer en el servicio.

Para reflexionar 

Cinco áreas de destreza:

Cada uno de nosotros fue diseñado de forma única por Dios, hecho para algo en específico. Dios en la creación dio a cada creatura un área de especialidad, algunos vuelan, otros cavan, otros nadan, otros saltan, etc.; así que cada uno tiene un rol según su hechura.

Como Dios te hizo determina lo que Él pensó que hicieras, así, idealmente tu área de SERVICIO está determinado por tu hechura y toda la combinación de dones que tienes y te caracterizan. Por lo mismo, si no entiendes cabalmente tu hechura terminas haciendo cosas que no están en los planes de Dios. De modo que cuando tus dones no empatan tu rol no llegas a la excelencia, lo que puede frustrarte a ti y a otros, implicando una pérdida de tu energía, talentos, tiempo y propósito.

(Dios te ha formado desde el vientre de tu madre). Ver **Salmos 139:13-16**

Entender las **cinco áreas de destreza** con las cuales Dios nos hizo nos ayudará a conocer mejor la voluntad de Dios para nuestras vidas, y nos será útil para entender la forma en que Él quiere que le sirvamos.

- Inventario Personal en Cinco áreas de destreza:

a. Dones Ministeriales:
¿Con cual Don Ministerial (del Hijo) te identificaste más?

b. Corazón:
¿Cómo te ves en 5 años, cuáles son los sueños de tu corazón, qué es lo que te hace vibrar? Pon ideas o imágenes o una descripción de ti.

c. Habilidades:
Haz una lista de las habilidades y destrezas que tienes que te hacen sobresalir, menciona lo que otros dicen de ti (Ejemplo: Nadie sabe comunicar las cosas como tú).

d. Personalidad:
Descríbete un poco cómo eres, tus gustos y tu forma de ser.

e. Experiencia:
Haz una lista de las experiencias más significativas de tu vida, no sólo en el área laboral pero también en la relacional. Las cosas que te han enseñado y que dictan mucho cómo eres (ejemplo: tuve que hacerme cargo de mis 5 hermanos cuando tenía 20 años de edad).

- Comparte este inventario en tu grupo y con toda esta información trata de definir un área de servicio en tres áreas: En tu familia, en la Iglesia y en la Comunidad.

Fuentes Bibliográficas Citadas:

NVI - Nueva Versión Internacional, Copyright 1999 por la Sociedad Bíblica Internacional.

RV- Versión Reina-Valera, Revisión de 1960. Sociedades Bíblicas de America Latina 1960.

Manual de Mayordomía y Servicio. Recopilado por Amistad de Puebla A.C. Amistad Comunicaciones. 1997.

¿Cómo llego a fin de mes? Panasiuk, Andrés. Editorial Betania. 2000. ISBN 088113-564

Compras Mayores. Burkett, Larry. Editorial Unilit. 1995. ISBN 0-7899-0018-1

Viviendo más allá de lo Posible. Myers, Wayne. 2007

Grounds for Living. Hayford, Jack W. Sovering World. 2001. ISBN 978 1 85240 289 1

Your time-starved marriage. Les and Leslie Parrott. Zondervan 2006. ISBN 13:978-0-310-24597-1

Amistad de Puebla "La Paz"

Blvd. del Niño Poblano y Vía Atlixcáyotl Puebla, Puebla.

www.amistadlapaz.com.mx

Tel. (01222) 225 78 78